用脚步丈量南洋

YONG JIAOBU ZHANGLIANG NANYANG

廖春柳——著

南方日报出版社
NANFANG DAILY PRESS
中国·广州

图书在版编目（CIP）数据

用脚步丈量南洋 / 廖春柳著. — 广州: 南方日报出版社，2020.1
ISBN 978-7-5491-2151-9

Ⅰ. ①用… Ⅱ. ①廖… Ⅲ. ①华侨－历史－东南亚 ②华人－历史－东南亚 Ⅳ. ①D634.3

中国版本图书馆CIP数据核字（2019）第291310号

YONG JIAOBU ZHANGLIANG NANYANG

用脚步丈量南洋

著　　者：廖春柳
出版发行：南方日报出版社
地　　址：广州市广州大道中289号
出 版 人：周山丹
责任编辑：曹　星
责任校对：魏智宏
装帧设计：钟　清　凌彩琼
责任技编：王　兰
经　　销：全国新华书店
印　　刷：东莞市比比印刷有限公司
开　　本：787 mm×1092 mm　1/16
印　　张：16.5
字　　数：430千字
版　　次：2020年1月第1版
印　　次：2020年1月第1次印刷
定　　价：69.00元

投稿热线：（020）87360640　读者热线：（020）87363865

前　言

中国明朝时期，伟大航海家郑和及其船队高举“以和为贵”的旗帜七下南洋，历经28年，却影响了亚洲和非洲超过500年。郑和船队的不朽贡献有助于推动睦邻外交、维护海上和平、促进香料贸易、进行海上探索、增加朝贡活动、压制猖獗海盗、保护华人华侨、加强宗教交流等。其展现的“互利双赢”与“和平发展”精神和原则，受各国政府和人民的肯定，与西方列强于18和19世纪以强大武力侵占亚非各国，进行武装侵略和殖民统治的意义与目的截然相反。“郑和精神”仍为今天亚非各国学习和推行的伟大精神。

©马来西亚砂捞越古晋马中友谊公园

南洋，即东南亚一带。早期中国人为了谋生，乘船渡海，在颠沛流离间思考人生，背负着祖国亲人的冀望，从不言弃。面对未知的将来，他们勇敢面对，踏实刻苦，同乡间共勉、互助。因在东南亚的华人华侨数量庞大，中华传统习俗、饮食习惯等与当地相融合，别样的“南洋风格”应运而生。

华人，亦称“华夏人”，源于远古时期的“华”族和“夏”族部落的结合，是血统的概念，族群之谓称。随着华夏文明的扩展，“华人”一词渐为全体中华民族成员之称，包括中国人及海外华人华侨。华侨在历史上被称为“唐人”“华人”或“中国人”，皆指移居海外的中国人。“华侨”一词始于19世纪末。据专家考证，1883年郑观应《禀北洋通商大臣李傅相为招商局与怡和、太古订立合同》一文：“凡南洋各埠华侨最多之处，须逐布置，亦派船来往。”（郑观应《盛世危言后编》第10卷）；清朝光绪十年（1884年）《清光绪朝实录》第188卷中亦提及“美国金山华侨”。西方人称华侨为“the overseas Chinese”或“the Chinese abroad”，即“海外华人”之意。

笔者深入探源家族及华人历史之兴趣始于中学时期的历史作业：了解家族姓氏来源。犹记得，祖父向笔者讲述自身故事时，眼眶带泪，目视远方，遗憾叹道：“我这一辈子从未见过我的阿爸，也没有机会在他有生之年，叫他一声‘阿爸’……我的阿爸和阿妈在我没有出生时，就到了塔希提岛（今法属玻利尼西亚群岛）谋生。数年后，我的阿妈从大溪地回到深圳坪山，同时她也怀有身孕，当时肚子里的孩子就是我。生下我之后，我的阿妈又回去了大溪地。直到我的长孙，也就是你的大堂兄出生后，我的阿妈就回来坪山照看孩子，直到离世。我的阿妈回乡后我的阿爸有写信回来，但是时间久了就音信全无，他也没有回过中国，从此以后，我们再也没有联系了。”

以热衷探究华人移民史之由，笔者一次又一次地踏入遍布华人和富于热带风情的东南亚，用脚步探寻旧时的华人记忆，用笔记录所见、所听、所感，只因其真实、感人、珍贵。每张华人面孔都记录了其家族的故事，每个华人家庭都隐含着一部血与泪的迁移史。正如英国剑桥大学社会人类学教授艾伦·麦克法兰所言：“纵观人类历史的发展，总是伴随着世界范围内的一批又一批的移民迁徙。”

新加坡国父李光耀曾言：“唯有知道自己的根源，唯有了解祖先的遭遇，你才知进退依据。我们华人和泰国人、菲律宾人或斯里兰卡人有何不同？差别在于我们如何来到此地以及发展的方式，这需要历史感。”

早期有华人先辈乘船抵达南洋，如今有笔者越南洋拾点滴印记。

廖春柳 于深圳

2019年1月

目录

马来西亚
Malaysia

第一章
文化多元　风光旖旎

第二章

亚洲一端　龙腾虎跃

新加坡
Singapore

第三章

万岛之国　巨鹰翱翔

印度尼西亚
Indonesia

第一章

文化多元 风光旖旎

马来西亚（Malaysia）

马来（Melayu）源自梵文“Malaiur”“Malayavipa”，意为“群山之地”。古代印度商人用此名指称马来半岛（Malay Peninsula）。后“马来”为7世纪至13世纪位于苏门答腊（Sumatra）的末罗瑜王国之谓称。

1826年，法国航海家于大洋洲探险时创“Malaisia”“Micronesia”（密克罗尼亚群岛）和“Melanesia”（美拉尼西亚）三词，其描述“Malaisia”：“通称为东印度群岛的这个地区。”其中马来人即指具有相似文化的族群，其使用马来语，居住于苏门答腊东海岸、廖内群岛（Kepulauan Riau）、马来半岛和婆罗洲（Borneo）岛沿岸。而“马来世界（Malay World）则指此广大的地理区域。

民间为区别马来亚合邦（Federation of Malaya），简称马来西亚作“大马”。马来亚合邦成立于1948年1月31日，由11个州，即9个马来州属和海峡殖民地（不包括新加坡）所组成。

马来半岛的古国

15世纪，在马来半岛内以马六甲（Malaka）为首的部分新兴苏丹国开始皈依伊斯兰教。1136年，第九任吉打王国统治者从兴都教皈依伊斯兰教，改称苏丹慕查法沙（Mudzaffar Shah I of Kedah），建立吉打苏丹王朝，兴都王朝从此走入历史。伊斯兰文化影响马来民族深远，也渐成为带有马来民族色彩的宗教。后马来半岛出现古柔佛（Johor Lama）王国、羯荼王国（古吉打王国）和狼牙修（Langkasuka）、丹丹国（ko-lan-tan）等国。公元前3世纪至公元1世纪，马来群岛已有古吉打王国（羯荼）的存在。10世纪始，来自中东的穆斯林多次途经马来群岛。

《梁书·海南诸国列传》记载：丹丹国，梁中大通二年（530年）同中国建立友好关系，其王遣使奉表曰："伏承圣主至德仁治，信重三宝，佛法兴显，众僧殷集，法事日盛，威严整肃。朝望国执，慈愍苍生，八方六合，莫不归服。化邻诸天，非可言喻。不任庆善，若暂奉见尊足。谨奉送牙像及塔各二躯，并献火齐珠、吉贝、杂香药等。"

3世纪，印度人为寻求黄金、香料以及带有香气的名贵木材而至马六甲海峡（Strait of Malacca），并自此到达中国进行贸易。4世纪，印度正处于笈多帝国（Gupta Empire）统治时期，来自印度古国的印度文明推动了马来半岛文明的产生。笈多帝国的贸易行为，使城邦出现在今马来西亚的吉打州和砂捞越（Sarawak）州，并步入文明。

印度宗教从西线海路传入东南亚，必先经过马来半岛，故马来西亚之历史与印度文化有密不可分的联系，传自印度的兴都教与佛教文化一直主导着马来半岛的早期区域历史。在佛教盛行之时，“马来世界”曾一度成为中国人和印度僧人往来彼此国家的中转站。

7世纪中叶，在苏门答腊东南部出现信奉大乘佛教的海上强国——室利佛逝（三佛齐王国），爪哇名为“Sambhoja”，梵文名为“Srivijaya”意为“光荣胜利”。14世纪，苏门答腊的室利佛逝文明（三佛齐文明）兴盛，影响力扩展至印度尼西亚爪哇岛、马来半岛和婆罗洲等地区，室利佛逝文明于苏门答腊岛的统治时期达至顶峰。室利佛逝文明于14世纪至15世纪始式微。10世纪时传入马来半岛的伊斯兰教于室利佛逝文明被颠覆后方奠定根基。

历史上马来群岛原非信奉伊斯兰教之地。随伊斯兰教逐渐传入，马来群岛方皈依伊斯兰教。如今，伊斯兰教为马来西亚之国教，信奉者多为马来人，当地华人主要信仰佛教。无论信奉何种教派，在马来西亚的土地上民族融合方为主旋律。

在中国唐宋时期，阿拉伯伊斯兰教在东南亚盛行一时。阿拉伯穆斯林常往来于马来半岛，因马来人在地理和海上贸易等方面的优势，及马来人接受伊斯兰教的时间远比东南亚其他国家早等因素，当阿拉伯穆斯林成为伊斯兰教主要传播者的时代结束时，马来人随后即充当此角色。

华人初来乍到

据《南洋华侨史话》记载，中国人从7世纪，即唐朝时开始移居南洋。在盛唐时代，对外贸易、航海发达，部分唐人至南洋从事贸易活动，遂留于当地生活、扎根。因当时唐朝国力强大、威震四海，故南洋华人常常骄傲地自称“唐人”，称祖国为“唐山”，华人聚居地则为“唐人街”。

宋朝时期，手工业、商业兴盛，海上交通发达程度甚于唐朝，与南洋各国开展的贸易往来成为宋朝朝廷的财源之一。当时中国人下南洋乘帆船，部分人错过返航的季风，便于当地居住待次年北返。后随贸易发展，渐渐有中国人留居南洋，称作“住蕃”，且于当地娶妻生子，繁衍后代。

元朝和明朝时期，对外贸易和海上交通得以进一步发展。14世纪时，印度洋的航运权几乎全掌握在中国人手中。在明朝初年的1405年至1433年间，郑和七下西洋，其船队访问了30多个国家和地区，其中有14个国家在南洋，华人亦渐渐广泛分布于南洋各地。

欧洲人开启大航海时代后，从中国中原迁徙至东南沿海的人们，便又开始一段艰辛的漂洋过海旅程。此后400年间，有1000多万中国人自福建省福州、福清、晋江，广东省潮汕、清远、梅州，台湾省金门，海南省琼海、文昌等地南下南洋。

明代的民间笔记有描述：“漂洋过海时要随带耕种之具和种子，还要带上棺材。”下南洋的船主带棺材，意味着随时准备迎接死亡；带种子，即随时准备在不可知的荒野建立生活。棺材和种子代表生死观，携带两物，无论行至何处，心中皆有底。在英国殖民马来亚时期，中国人下南洋乘坐之货船逼仄，加之通风不良及食物不足，船上人员又体质各异，因此不少人死于船内。面对为数不少的尸体，直接扔入海中即为处理之法。

19世纪中叶，马来亚半岛（Semenanjung Malaya），包括此后“马来亚联邦”的霹雳州（Negeri Perak）、雪兰莪州（Negeri Selangor）、森美兰州（Negeri Sembilan）与彭亨州及“马来亚属邦”（The Unfederated Malay States）的柔佛州、吉兰丹州、吉打州、玻璃市（Perlis）、登嘉楼州（Negeri Terengganu）皆人口稀少，鲜有华人移民。华人移民马来亚（过客或偶尔经商通往者除外）主要于马六甲与吉打。18世纪之初，定居其他马来土邦者极少，鲜有文字记载可追溯。英国学者Gray曾记述其在1827年彭亨州访问当地一家锡矿工地，它由华人与约100名马来人开采经营；沿彭亨河（Sungai Pahang）的华人村（Kampung China）则有装备武器的华人矿工，他们皆为客家人，均与马来女子或巴厘女奴通婚，其所生之后代以客家语而非马来语沟通。

17世纪末至18世纪初，约有1000名华人居住于柔佛之沿河地区而非内陆。中国人系以种植胡椒与甘蜜（gambier，用于布料染黑色）为生。所住地区系以马来土酋所颁发之河券（Surat Sungai）为凭证，实行“港主”制度。“港主”多为巨富者，因其有权独办鸦片与酒售予区内华人，也可独办赌博场馆、当铺，卖猪肉等。直至1917年，柔佛实行的“港主”制度被废止。马来亚其他州的华人移民于19世纪中叶，因锡矿的发现与开采而大量增加，如吉隆坡（Kuala Lumpur）、霹雳州等。

何处南洋岸？乡群萧萧离。
海风夹悲涩，涛浪拍船曳，孤客最先闻。
无期驱驰海苍茫，独身于此望故乡。
泪书尽是心头语，洒向重峰飘落叶。

——廖春柳《别离乡》

古城马六甲

马六甲，为马六甲州首府，位于马六甲海峡北岸。悠久古国，灿烂如虹。马六甲之历史是马来西亚历史重要的组成部分，曾经的绚烂王朝——马六甲王朝（满剌加王朝），共延续109年（1402—1511年），虽已覆灭，但其辉煌的过往，甚是宝贵。

“满者伯夷者，爪哇（Java）之强国也。其王哈咸胡鲁（Hayam Wuruk）（在位时期为1350—1389年）颇具雄心，宿怀征服马来细亚（Malaysia）之志。1360年（一说1365年），王偕其妃统大军，亲征狮城（Singahapura）（即新加坡Singapore），杀戮之惨，亘古未有。事平，立碑于新加坡河口右岸，以志胜利。今碑之断片。”（摘自《马六甲史》）

“狮城人民，既不胜强暴之压迫，于是相率越柔佛海峡，循马来半岛西岸，北上避难。既抵一地，息于树下。避难者见一鼠鹿（其形如鹿，其大如鼠）。逐猎犬数头，犬惧，遁入河中，见者诧以为奇，咸认鼠勇犬怯，为祥瑞之征，此地足以居留。因其地之原住民而问曰：此树何名？答曰：马六甲（Melaka）。避难者闻而悦之，遂以树名名其避难之地，马六甲之名始此。”（摘自《马六甲史》）

“然马六甲一名之来源，其说有种种：如上述之因树得名，其说一也。或云马六甲之义同避难，其说二也。又称集会曰马六甲，其说三也。”（摘自《马六甲史》）

马六甲树有两类：第一类果实具收敛性，可供药用，树皮可做染料，神奇之处是树皮可医治胃病；第二类为厚皮香料，树体硕大，木质坚硬，果实酸性，可供食用。马六甲地名源于第一类。

马来西亚各地之名多与树密不可分。笔者猜测，此与马来西亚的热带雨林气候有关。热带雨林气候又称赤道多雨气候，终年高温多雨，水量充沛，种类丰富的植被类型多分布于此。植物群落变化不像温带植物那般季节性明显，乔木高大笔挺无分枝，部分树的主干基部具外露土面的板状根。雨林里充满藤类，藤本植物具良好的生态适应性，多为缠绕依附体、依靠卷须、吸根向上或以嫩枝卷绕而生长。马来西亚树种多样，分布广阔，故以树命地之名属可考。

《马六甲史》记载："当葡萄牙人占领马六甲时，谓有原住民民族两种，宅居境内。""蒙德拉人（Mantera），居马六甲之西北部，亦系原始马来人中之原住民，其数甚少，今几全消灭。凡此原住民民族，于马六甲未名以前，自必已居其地，实为无疑之事。至开化之马来民族，则大都来自苏门答腊，此不但于马六甲为然，而马来半岛之其他马来各邦亦悉如是也。"

远在西方"地理大发现"时代前的半个多世纪，中国伟大的航海家郑和已率领庞大船队，在东南亚、印度洋等地区进行大规模、长达数十年的航海活动。从永乐

◎郑和船队模型

三年（1405年）至宣德八年（1433年）年间，郑和七次率船队下西洋，抵达三十七国，足迹南至印度尼西亚爪哇，西至非洲东海岸和阿拉伯半岛间之广大地域。地之所至，主要为经济文化交流活动，通过“朝贡贸易”和“赍赐贸易”的方式，用中国茶、丝、瓷器、金银等，交换各地香料、染料、珠宝等。郑和船队用以物易物、礼尚往来的平等态度进行中外经济文化交流，深得各地人民欢迎和崇敬。至今南洋各地仍有不少以“三宝”（郑和别称）命名的遗址，如马来西亚马六甲的三宝山（又名三保山，Bukit Cina）、印度尼西亚的城市三宝垄（Semarang）等。

马来西亚仍流传着一段美丽的传说，中国明朝时期一位公主——汉丽宝公主，她乘坐豪华宝船嫁给马六甲王朝第六位苏丹［亦是马六甲苏丹国最后一任苏丹——苏丹满速沙（Sultan Mansur Shah）］，并育有两位王子。汉丽宝公主携五百位随从陪嫁时，由郑和率船队护送。苏丹满速沙十分钟爱汉丽宝公主，并赐一座小山给汉丽宝公主建宫殿，取名为“三宝山”。如今宫殿已不存在，而三保山成为华人墓园。汉丽宝公主的随从大多定居于马六甲王国周遭，因男性随从娶当地马来女子为妻妾，从而诞生了峇峇、娘惹。

此段历史于中国的史书并无记载，马来文学典籍《马来纪年》却有收录。郑和于1405—1433年间七次大规模航海，并于1433年去世，而汉丽宝公主于1459年出嫁至马六甲王国。据时间推断，郑和不可能送嫁，但此传说却反映出中国与马来西亚两国友好交流史之源远流长。

三宝山，又称“三保山”“中国山”，为马六甲历史悠久的华人墓园。据传，明朝时期三保大人（郑和）航海至马六甲时驻扎于此，故当地华人便称其为“三保山”。自17世纪始，三宝山便成为华人移民族群的坟山，亡故他乡的华人皆埋葬于此，有著名的华人商界领袖、殖民时期的甲必丹（Kapitan）等。三宝山地理位置优越，开发商争相抢夺，计划建设主题公园、房地产项目等，因遭华人社会强烈反对而作罢。三宝山之保留问题致使马来西亚华人对中华文化渐趋重视，遂兴办马来西亚全国华人文化节，并于三宝山点燃文化节之圣火。

马六甲鸡场街（Jonker Walk Melaka）也与郑和有深厚渊源。数百年前，郑和远洋航海多次驻节马六甲，并于当地设立“官厂”，鸡场街即取自闽南语“街场街”的发音。以鸡场街为主干街，20多条周边街巷共同组成当时华人迁居南洋之地。2000年，马六甲鸡场街被列为世界文化遗产核心的历史老街。

鸡饭粒为马六甲代表性美食，而鸡场街则以鸡饭粒而出名。将米饭配足鸡汤和调料，熬成香气四溢的鸡饭后，用手揉捏成乒乓球形状的饱满饭粒，其粒粒分明中透着糯香细密。鸡饭粒搭配白斩鸡蘸以辣椒酱、黑酱油，味道丰富、口感清爽。早期华人劳工无暇正餐，遂将海南鸡饭制成方便食用及携带的圆粒状。

◎马六甲鸡场街

◎马六甲鸡饭粒

据史料记载，中国明朝永乐年间，福建福州之华侨已至马六甲定居，并“娶番生子”。据《明史》记载，马六甲男女发上均打髻，但有些肤色比较淡薄者，是华人的后裔。由此可知，明朝时期便有中国男子与马来女子通婚。

作为南洋华人族群之瑰宝——娘惹、峇峇，其土生华人文化之魅力如美酒般愈久醇香，吸引着笔者多次前往，不知疲倦地探索，不由自主地想象，不急不慢，一窥再窥当中动人心弦的点滴，置身其中徜徉历史，自觉妙不可言。

◎马六甲峇峇、娘惹夫妇

峇峇、娘惹来自于马来语“Baba”“Nyonya”，指中国人和马来人通婚所生育的后代。男性称为峇峇（Baba），女性称为娘惹（Nyonya）。峇峇、娘惹数百年前已散布于今马来西亚、印度尼西亚和新加坡居住生活。峇峇、娘惹的祖先来自中国，大部分原籍为福建或广东潮汕地区，小部分为客家籍。明朝商人抵达马六甲海峡沿岸的港口后，于当地娶妻纳妾，因而诞生峇峇、娘惹。峇峇、娘惹亦被称为侨生华人（Peranakan）或海峡华人，“Peranakan”为马来语，原意为“土生土长的”。土生华人在文化上受马来人及其他族群之影响，当地华人文化是南洋“文化融合”的独特产物。

语言上，因母亲不懂汉语，故峇峇随母亲学习夹杂福建方言的马来语（峇峇语）。饮食上，因娘惹为烹饪能手，风味自成一派，故“娘惹菜”成为令人称赞不已的南洋菜式之一。娘惹菜是中国传统烹饪方法与南洋香料、马来料理、印度料理的巧妙结合。香兰叶（pandan）、香茅（lemongrass）、薄荷叶（mint leaf）、酸柑（lime）、肉桂（cinnamon）、辣椒（chili）、柠檬（lemon）、菠萝（pineapple）、椰浆（coconut milk）、蒜头（garlic）、小葱头（scallion）、黄姜（turmeric）、山姜（lengkuas）、香菜花（coriander flower）、亚参膏（asam jawa）、峇

◎娘惹菜

◎娘惹菜

拉煎（belacan）等多种调味料的搭配与融合，使娘惹菜多汁且味浓。峇峇、娘惹亦有自成系统的“娘惹餐”，兼有华人、马来人、印度裔人及以葡萄牙人为主的欧洲人饮食特点，烹饪方法和使用的餐具器皿皆有讲究，咖喱和辣椒不可或缺，口味以酸辣为主，别具一格。婚俗上，峇峇、娘惹结姻亲非常讲究“门当户对”，具有权势的华人甲必丹、富商家族之间联姻普遍。成婚时新郎身穿长袍马褂，新娘则身穿裙褂、霞披，头戴凤冠，身有众多点缀饰物。在第二次世界大战前，举行婚礼的峇峇、娘惹依旧沿用“三跪九叩”之古礼，娶亲用花轿，锣鼓喧天，热热闹闹。节日上，峇峇娘惹家庭尤其重视华人传统节日。传统新年时，子孙或年幼一辈需向长辈跪着磕头、敬茶及祝安。每逢传统新年、清明及祖先忌日等，皆祭拜祖先。供品非常讲究，如三牲及饭菜，需摆放八碗或十二碗的菜肴上供等。

峇峇、娘惹已随时代的变迁而改变。过往的峇峇、娘惹文化如灿烂的历史印记，虽已逝但犹存，延之以佳肴，观之有故宅。若以绣珠鞋当信物，晚霞又抹红了天边，几分苦甜为谁尝？思念仍飞舞于唇齿间，追寻何处方结果？锦绣女红以泪点，岁月苍老一瞬过，喜也从容，悲也从容。

马六甲华人仍保留着中国传统婚礼习俗，过大礼、食烧金猪、穿唐装、向长辈

◎马六甲华人婚俗——过大礼

◎马六甲华人婚礼——敬茶仪式

敬酒、包红包、赠金银等。请媒人至男、女双方家中“走仪式”，媒人可为女性（媒婆），亦可是男性（媒公），主要取决于媒人的“嘴上功夫”和主持传统结婚仪式的经验。

新人向长辈们敬茶的顺序为男先女后，按照辈分、年龄依次敬茶。同辈分已婚的兄长、姐妹亦接受敬茶。未婚的后辈以及兄弟姐妹需向新人敬茶，并收取新人的红包。滚床是当地华人传统婚俗的重要一环，由一名父母健在且健康的男孩在新人床上打滚，寓意早生贵子，添丁旺财。

历史上，马六甲的兴衰起伏与海上丝绸之路密切相关。中国宋朝时期推行市舶司制度，重视对外开放和南方贸易，使得海上丝绸之路空前繁荣，却因东南亚古国纷争四起，而马六甲海峡逐渐没落。中国明朝时期，郑和七下西洋，先后五次驻节马六甲。印度和阿拉伯商人携欧洲、波斯湾地区和印度的商品而至，郑和船队则带中国茶叶、瓷器和丝绸而来，马来群岛商人亦带来各种香料、土产，于共同贸易下，使马六甲再度发展为重要的商贸中心。后马六甲海峡因马来半岛和苏门答腊岛上崛起众多良港而再次衰落。如今“一带一路”倡议让古老的马六甲焕发新机，为马来西亚架构起互联互通的发展新平台，也让马六甲人再次看到复兴的曙光。

新加坡与新山

新山市（Johor Bahru），全称柔佛峇鲁市（Bandaraya Johor Bahru，简称JB），是柔佛州（Johor）首府。19世纪时，柔佛统治者鼓励华人在当地开垦，吸引大批华人南下新山，华族先贤发扬着中华民族勤劳勇敢的美德，不怕苦累、奋力打拼。纵观柔佛州今日，华人先贤功不可没。

连接新山和新加坡的柔佛长堤建于20世纪，在马来亚战役（1941年12月8日—1942年1月31日）中被炸断，后被修复。1941年12月8日，日本军队沿着马来西亚半岛西海岸南下，英国军队和其他盟军撤退到新山。1942年1月29日，在日本军队进一步轰炸下，1月30日，英国军队在撤退前，炸毁了新山至新加坡的堤道（柔佛长堤），以此阻止日本军队在英属马来亚的进攻步伐。

©陈俊华

1942年1月31日，日本军队攻入新山，中断新山市镇的发展，将新山变作其主要临时基地，进行新加坡战役的备战，并等待堤道修复。现柔佛长堤依旧作为马来西亚连接新加坡的陆路通道，有数条车道，可通行汽车、摩托车、巴士、载货汽车。

见证了新加坡与新山的变迁，潮州籍华人陈俊华觉得往事历历在目："我弟弟小时候就是在新加坡读书的马来西亚人，早上很早起床去搭巴士到新加坡上学。有些家境很好的家庭会自驾车去新加坡，也会带上邻居家的孩子'拼车'去上学。因为我们是马来西亚人，所以在新加坡读书要交保证金，有点像中国的'择校费'。1965年新加坡独立后，海关不同了，'大马'的关税高了。以前很多人驾车去新加坡换轮胎，因为新加坡的轮胎比'大马'的便宜很多，所以回来的时候四个车轮都是新的。之后'大马'政府减税，这种现象都没有了。"

在天猛公达因·依布拉欣统治期间推行港主制度（柔佛贵族招揽华人至港脚，即两河之间开垦，华人首领为港主），吸引众多福建籍与广东籍华人至依斯干达布蒂里开垦种植甘蜜及黑胡椒（black pepper），印度尼西亚爪哇移民则负责凿掘运河、铺路和种植椰树。

1844年10月9日，柔佛第一张港主契约授于华人港主阿川和万成，授权他们开垦柔佛士古来河（Sungai Skudai，旧称Sekudai）域。1844年10月22日，柔佛第二张港主契约发予陈开顺，授权其开垦柔佛地不佬河（Sungai Teberau）域。1845年4月，天猛公达因·依布拉欣又发出一张柔佛马来由河（Sungai Melayu）及两张柔佛地南河（Sungai Tiram）的港主契约。1846年潮州籍华人先贤陈开顺带领大量潮州籍农民抵达地不佬河域，开垦种植胡椒及甘蜜，并命名此地为陈厝港（Kangka Tebrau）。1858年陈开顺被册封为华人甲必丹。因早期华人多由汕头南下，且多为潮州籍贯，故新山亦被称作"小汕头"。

柔佛古庙，是体现新山五大籍贯华族和睦相处，拥有共同信仰的典型庙宇。相传，建庙的倡议者为19世纪著名港主陈旭年等先贤。虽具体建立时间未明，但从庙宇内存有的两件文物——匾额（书有"同治庚午"，即1870年）和铜钟（刻有"同治乙亥年"，即1875年）可推测，柔佛古庙至少已有120多年的历史。古庙内供奉五位神明，即赵大元帅（琼帮，即海南籍人士）、华光大帝（广肇，即广府籍人士）、感天大帝（客帮，即客家人士）、洪仙大帝（福帮，即福建籍人士）、元天上帝（潮帮，即潮州籍人士），柔佛古庙的主神为元天上帝。每年农历正月二十日，柔佛古庙内的众神皆出游，游神盛会共举行三日，为新山之盛事。

◎柔佛古庙

民纯物丰，繁盛海港

丰盛港（Mersing）位于柔佛州东北部，背山面海，是优越的渔港。该吉祥之名从何而来？丰盛港海南会馆永远名誉会长、资深学者邢定灏老先生与夫人带领笔者至丰盛港中华墓园并详述道：“以前的丰盛港只是一个码头，华人最早聚居的地方在距离现在丰盛港市区四公里外的茂盛港。传说当年中国商船南下经商返回中国的时候，途径未开拓的丰盛港时，不幸遇上船难，乘客被迫游上岸保命，一时间无法返回家乡，就在丰盛港生活了。华人在丛林里寻找水源时，觉得那里的树木非常茂盛，所以就把该地区命名为茂盛港。再后来，中国广西人就陆陆续续来到了茂盛港，种植甘蜜和胡椒。到后来，甘密种植业没落了，茂盛港的居民才迁移到邻近的地区生活，才开辟了今天的丰盛港。丰盛港的地名也是从茂盛港的谐音而来的，最终茂盛港就走入了历史。

◎邢定灏与夫人

“我今年已经80多岁了，但还是很清楚地记得，以前在茂盛港，生活着很多广西籍贯的人，他们主要是从事甘密种植和胡椒种植。我的同学廖仲万是广西人，他是在很小的时候就随家里人一起移民茂盛港，种植橡胶。他每天都要步行经过甘密林和一段路程去上学，黑色的大雨伞是他

◎广西籍华人墓碑

◎华人石碑，由邢定灏转移至丰盛港中华墓园

◎汉族总坟，由邢定灏转移至丰盛港中华墓园

每天都要携带的工具，因为当时丛林里有很多老虎出没，打开黑色的大雨伞就可以吓走老虎。

“前几年，我的家人在茂盛港旧址的丛林内发现了总坟碑和其他几座碑，那个地方不远处是广西人的墓地，加上这些坟碑年代久远，所以我相信，广西人是较早开埠茂盛港的。”

肉骨茶香巴生城

巴生（Klang）位于巴生河（Sungai Klang）的高处地带，若船只于巴生装载卸货，则需待涨潮方能靠岸，故涨潮时辰之于商人尤为重要。当地华人早已使用“巫文”（马来文）“涨潮”（Pasang）的发音为此座海岸城市命名“巴生”。“巴生”马来名为吉冷（Klang），据传，旧时巴生河畔有造船者，常有“Callang Callang——”声传出，当地人遂以“Klang”命名，“Klang”亦曾名为“Kelang”。巴生港（Port Klang）位于马六甲海峡东北部。1882年，英国殖民政府为运输锡米，遂于马来亚中西部建设铁路，促进巴生港开发。20世纪60年代，巴生港加深水位与泊位，并建立处理货柜及传统货物的码头。至今，巴生港仍为马来西亚重要的货运码头之一。

肉骨茶（Bak Kut Teh）为闽南语发音，其发源于以福建籍华人为多的巴生。

早期巴生华人于码头当劳工，中医师便将福建及潮汕一带所饮之茶改良，加入当地出产的胡椒，加入当归、川芎、沙参、肉桂、甘草及一些香料配置成肉骨茶包，让劳工们于早餐时与排骨一同炖煮至烂熟，食之以增加体力，当时肉骨茶的食法是“边食猪排骨，边饮茶”。

旧时一位名叫李文地之金门籍人士于巴生售卖肉骨茶，其即为巴生肉骨茶之始祖。当时，李文地肉骨茶档口是华人先辈早晨集会的地点，以药材配煮猪排骨及猪腿肉，配以白米饭。一旁的火炉烧滚开水，档口提供茶壶及茶杯，一壶清茶搭配肉骨茶，闲情写意清晨时光。久而久之，食客皆称李文地为“肉骨地”，福建话“地”与“茶”同音，故传开时变为“肉骨茶”。

位于巴生的飨肉骨茶，味道浓香甘厚，久食不厌。微烟色浓的肉骨茶汤醇香四溢，饮之入口浓滑，暖意渐生。俗言道“最香莫过骨边肉”，加入中药材炖煮的猪骨肉变得软烂，食之入口即化，浓郁的中药香气搭配肉香在口腔中缓缓释开，回味悠长。如此肉骨茶飘香，却让人以清淡作总结，只因功力深厚，药汤熬至恰到好处，取得完美平衡之时也让食客在不知不觉中收获“心头好”。

◎肉骨茶

飨肉骨茶掌勺人李菀珊是李文地的第三代传人，其乐意分享道：“飨肉骨茶的店名是取自谐音‘想’和‘响’。一来是想这份家族事业传承下去，想爱留传；二来是希望肉骨茶能够发扬光大，有响亮的名声。我爷爷李文地懂中医学，会用药材，自从他开肉骨茶店后，我自小就看到我家人在档口忙碌和爸爸李荣幸对爷爷肉骨茶的信念与坚持，所以我决心传承爷爷与父亲的手艺。时代是进步的，除了在店铺售卖，我还率先尝试承办社团、商务、私人活动的肉骨茶供应，提供餐车送餐服务，便携式的餐饮服务改变了肉骨茶固有的销售模式，为的就是让顾客吃到我们的诚意和情意。现在我的目标就是保留住传统原汁原味的味道和创新销售渠道，每日坚持古法炮制肉骨茶，谨记父辈们的叮嘱，凡事亲力亲为，定能保久不失。”

巴生华人常言：“华人社会不能没有肉骨茶。”这不仅道出肉骨茶之于华人的重要性，更凸显肉骨茶之于发源地巴生的传统性。可见，肉骨茶俨然成为当地的城市名片，巴生城具开创性的历史由华人先辈参与建设之。漫步巴生城，笔者一如当地人，用肉骨茶开启一天的美好。

堂皇庄严的天和宫位于巴生武吉丁宜（Bukit Tinggi），耗时两年三个月建成，旧址在巴生港口班达马兰（Pandamaran）。天和宫理事主席李亚明详解道：“天和宫于1981年建庙。因为相关政策原因，庙需要搬迁。建设新庙所用的砖瓦、木头等都是中国进口的，我们想建一个‘原装’的华人庙宇。庙的主神是张圣君，来自中国福建南安，又称张圣者，号慈观，道教闾山派道士，被明正德皇帝敕封为‘法主神号’。张圣者确有其人，于宋天圣二年（1024年）农历七月廿三出生在福建省永泰县嵩口镇月洲村。熙宁元年（1068年），张圣君云游到闽清金沙镇，修成正果，坐在九龙溪的巨石上，羽化升天，享年四十五岁。这间庙最大的特点就是不收信众的红包，香油钱随意。我们只想信众简单地问事求平安。农历六月二十到二十三是庙里最热闹的时候，会用福建话表演布袋戏，道士带领信众过火坑求平安大吉，还有过平安桥等。农历二十二晚上十一点就迎接天公、拜天公，农历二十三晚上就送回。华人神庙也是一种凝聚华人的方式和地点，通过节日庆祝来达到团结华人的目的。”

◎巴生武吉丁宜天和宫

森州独绽芙蓉花

芙蓉市（Seremban）为森美兰州首府，旧称“双溪乌绒”（Sungai Ujong，马来语意为“末端的河流”）。据史料记载，16世纪前，由九位地方土酋或彭古鲁主政的土邦，其涵盖范围便是森美兰州前身。18世纪中叶，现森美兰州（当时尚无此州名）有一座柔河（Johol）土邦，当地马来村长将部分锡产区交由两名华商处理。19世纪初，华族先民已在现森美兰州境内垦荒。由于境内多处盛产锡米，华族先民闻风而至，陆续至当地展开艰辛的开矿和拓荒工作。19世纪末，英国殖民政府入驻双溪乌绒（现芙蓉市），渐将影响力扩展至九座土邦后，森美兰方自成一州之行政体系。

华族先民的智慧为马来亚锡矿业的生产带去新技术和生产方法。开矿湖是当时华人普遍采用的开矿法。该方法为通过探测，选择一块锡含量高的地方并将地表面泥土逐层挖去，形成鼎镬形的矿湖，名为“沸廊”。随后沿锡脉往下挖掘，掘出含锡苗的沙口后便一桶一桶地搬至淘洗处的木槽洗净泥沙，捞起即为锡苗。

19世纪时，双溪乌绒仅为一座小村庄，因发现拥有丰富的锡苗，华族先民逐渐由马六甲移入内陆。但要通过陆路交通进入内陆地带则必须经过毒蛇猛兽盘踞的森林，且方向不明，因此不少人在途中失踪或葬身深山丛林。

当时华人矿工群体中流传有两种说法，一是“老虎专吃老人，不吃年轻人”。二是“鳄鱼不吃客家人”。据推测，第一种说法应是矿场主人特意编造的谣言，因其担心矿工们基于自身安危，不敢深入内陆采矿，招募矿工较为困难。第二种说法表明当地采矿先驱多数为客家人，更说明当时通过宁宜河（Sungai Linggi）抵达芙蓉的水路甚是艰险。宁宜河以鳄鱼闻名，幸运的先民除了在水路避过鳄鱼外，在一片蛮荒的原始地带开矿，也需提防随时出没的老虎。前来开荒的华族先民除采矿外，也有在森林中以烧炭为生（将树木枝干烧制为炭）。不难想象，华人先辈们当时是在何等恶劣的环境中，克服如此艰难的条件，冲破多大的心理关口，不惧过河时的鳄鱼，提防森林中的老虎，解决不知能否生存过今夜的担忧等。先辈们已不知恐惧，为远在中国的亲人，为美好生活的理想，只有前进，只能前进。

芙蓉目前尚存的遗迹以及会馆成立的年份，皆能论证森美兰州拓荒先驱为客家人。首位华族先民领袖盛明利为惠州人，其接班人叶亚来（吉隆坡开埠功臣）亦为惠州人。甲必丹盛明利生于清朝道光三年（1823年），其最初在马六甲落脚，协助鸿发号店东经营杂货及锡米生意。不久后至芙蓉创办明发锡矿公司，从事开采锡矿业务，并受当地人爱戴，后任职双溪乌绒华人甲必丹。1860年，盛明利于双溪乌绒

◎芙蓉市惠州会馆旧址

战争中不幸逝世，死后被尊为神（仙师爷）。据传，叶亚来因得仙师爷托梦指点，遂于雪兰莪内战中屡胜敌方。故叶亚来于1864年亲往芙蓉地区迎仙师爷神灵至吉隆坡建庙奉祀。

若以第一代甲必丹盛明利带领同族、同乡人至双溪乌绒开矿为依据，当时华工应惠州籍为多。南来开拓的惠州先民带着自己家乡的信仰和文化烙印，因身处异乡，生存的威胁来自各种因素，故神明的保佑即是心灵的慰藉和鼓励。供奉神明的香火与神庙之出现，使得游子们能一同过节、一同聚首、一同祭拜，不仅缩短人心距离，更拉近彼此心理及精神上与“家乡”的距离。所留传的神明有萧府王爷、谭公仙圣等。萧府王爷属于宗族村落的集体祖先崇拜，来自中国广东惠东县九龙峰的谭公仙圣（谭公庙）则是乡情信仰。

百余年后的今日，笔者站于惠州会馆前，感慨华人先辈们生存的勇气和执着的信念，他们历经磨难与奋斗，方有今日之基业，皆使后辈抚今追昔，慎终追远。

◎芙蓉文化街牌楼

"霹雳"一响山门开——怡保

怡保（Ipoh）是一座内陆城市，是马来西亚霹雳州（Perak）首府。"Perak"为马来语"银"之意。早期霹雳州被发现有锡矿，当地人误认作金属银，虽最后得知为锡，但"霹雳"一名仍被保留使用。与马来西亚许多地名来历相似，"怡保"一名源于一种有毒的树"Pohon Epu"，今被称为"Pokok Ipoh"。"Pokok"为马来语"树"之意，合意为"怡保树"。怡保树中含有毒性的树汁被当地土人（Orang Asli）制作成打猎吹筒的毒矢。怡保亦被当地华人称为"山城"或"坝罗"。"山城"源于怡保四处环山的环境，"坝罗"为怡保旧名，因当地有一座村庄，名坝罗村（Kampung Paluh）。怡保亦被称为"锡都"，是马来西亚锡矿的开采集中地。

怡保市处于近打谷中间，于近打河（Kinta River）河床和河流汇合处。在20世纪前，怡保地区被许多石灰岩山丘及厚厚的丛林所淹没。今怡保地区以近打河作区分，大致分为"旧街场"（Old Town）和"新街场"（New Town）。近打河河岸东缘是超大型锡矿床，是马来西亚著名的古老矿区。19世纪末，怡保因采锡矿而兴起，吸引大批华人劳工抵当地做工并定居。直至20世纪60年代，怡保的城市建设向郊区发展，20世纪70年代实行重建，旧街场内留存有大部分早期店铺、建筑遗产和政府建筑。

初踏怡保，观众山围绕之，山峰峻刃自然而矗，高耸入云，立于山脚，巍然慑吾，目之所及，皆为巨山，人有入"山城"之感。笔者喜爱山，好观山，面对山，人沉静、深沉，苍山劲翠，起伏跌宕，若遇事阻滞，省人生何故，赖有青峰豁吾怀，数峰层峦出云来，自然之力，壮观山景，大自然之鬼斧神工塑造艺术感，它苍翠、高耸，使人肃然起敬。若久观此地山峰，敬畏之感油然而生。因地壳运动而隆起的山脊，走势如盘龙，见峰峦起伏，众山重叠环绕，千姿百态，使人振奋。

怡保的山峰奇异，高耸、传神，因而形态各异、怪石嶙峋的山洞便是山城怡宝的特色景观。霹雳洞（Perak Tong）位于怡保北部，是依山上的石灰岩溶洞而建。梅州蕉岭县籍客家华人张仙如居士与夫人钟真玉女士于1926年发起修建结合佛教元素的霹雳洞。霹雳洞外寺庙崇楼峻阁，雕梁画栋，颇有威武富贵之气。踏入洞内，内部怪石林立，奇幻异常，洞底与洞顶距离大，使人顿生惧感，加之洞内光线昏暗，沿石阶攀爬洞穴，实感陡峭、步艰。具有中国传统宗教色彩的霹雳洞，石阶两旁伫有观音像、佛像等，华人信众至此拜祭、祈福。正洞中供奉高13米的释迦牟尼坐像及佛像40多尊。洞内崖壁上画有百余幅壁画，有十八罗汉及唐三藏西天取经图等，内洞钟乳石千姿百态，各具神韵。后方的园林犹如世外桃源般舒适、宁静，花木青翠茂密，浓绿扑人眉宇。开满似锦的繁花，将洞内外点缀得明丽耀目，枝头丛

中时有鸟鸣声，令人如入幽谷，神驰万里。

三宝洞（San Poh Tong）是一座寺庙与山洞结合的石窟寺，位于喇叭山（Gunung Rapat）内，洞内的钟乳和石笋之间皆为佛教造像。据传，在1890年，一位中国僧人经过怡保时发现此洞穴，遂定居修禅，修行20年得道圆寂。另说三宝洞为纪念中国明朝时期的航海家郑和（三保）而建。

◎怡保霹雳洞

怡保华人以客家、广东籍为主，客家话和广东话是主要交流用语。当地饮食以“猪肠粉”“鸡丝河粉”“芽菜鸡”等闻名。早期华人常常忙碌至深夜，收工后于路边档口，食一碟鸡和芽菜，慢慢地演变为芽菜鸡（芽菜和白切鸡）。芽菜鸡可搭配鸡饭和沙河粉等主食，白切鸡皮滑肉嫩，味道鲜美。鸡肉之嫩，因初熟时入冰水浸泡，防止余温过熟之。一热一冷间，鸡肉肉质紧致且富弹性。淡黄色的鸡饭夹带着丝丝鸡高汤的香气，以清淡鸡汤润口，再品“矮胖”且雪白的芽菜，口感清甜，难忘的满足溢心间。

◎怡保三宝洞

怡保河粉是使人流连当地之因。水质是河粉可口的因素之一，群山拥怡保入怀，高山绿地中蕴含许多可溶性矿物质元素（可溶性钙镁化合物），含可溶性钙镁化合物元素的水（钙盐与镁盐含量高）硬度大，故被称为“硬水”。用硬水制作的怡宝河粉口感嫩弹，何种烹饪方式皆能凸显其为优品之实。

◎怡保芽菜鸡

用米浆蒸制，卷起形状似猪肠，猪肠粉因而得名。怡宝的猪肠粉呈散状似广东沙河粉，或为卷状，酱料多样，口味各具特色，蘸以甜酱油膏、虾酱、辣椒酱等。

华人饮食千变万化、口味多样，善于创造的华人丰富了马来西亚的饮食文化。鸡丝河粉的香甜润口已让人着迷，滑嫩光亮的猪肠粉又更让人垂涎，齿间清甜的芽菜搭配上鸡肉的“皮弹肉鲜”，食之入口喷香，久久难忘矣。步于旧街场，目之所及，不远处香饼金黄酱溢，茶楼点心蒸汽喷涌不绝，柚子街琳琅满目的柚子饱满硕大……再沿南洋建筑群径直走去，已不觉日落映山峦，叹之：好山好水好怡保。

◎怡保售卖猪肠粉的华人摊档

巨石如象，志坚意定——华都牙也

传闻旧时，近打河中有大石头形状似大象，故当地取名华都牙也（Batu Gajah，马来语意为“石象”）。19世纪末，英国殖民政府接管华都牙也后，大量自苏门答腊岛的华人、中国矿工及印度胶工及部分锡克族人士（担任警察和守卫）移民自此。1916年建立的古冈州会馆及1958年建立的海南会馆（前为琼崖会馆）是华都牙也最悠久的两座华人会馆。

祖籍广东高要的廖炳鸿老先生曾是贞德隆（CHENDRONG）华人新村村长，其亲切地向笔者讲述这座华人新村的点滴：“华都牙也在19世纪末开始发展，成为近打区（Kinta）的一个重要城市。贞德隆华人新村成立于英国殖民时期，在1945年以前，这里是橡胶园。直到华都牙也被发现有锡矿后，许多华人就到了这里采锡矿。我十岁就搬到了这个新村，当时贞德隆华人新村大多数居民都是以采锡矿为生的，少部分做木工。华都牙也至今还保留着一座采锡矿用的铁船，也是全马来西亚唯一一座了，它见证了那个年代锡矿业的

◎铁船

◎廖炳鸿与许强妹

◎刀麻切

风光历史。"

廖炳鸿老先生与祖籍广东高州的许强妹老夫人是猫记刀麻切面档的掌舵人，不仅有名于贞德隆华人新村，更闻名于华都牙也。已年迈的许强妹老夫人至今仍操持着面档，中气十足道："我是高州的客家人。以前店名叫猫王刀麻切，因为我的丈夫年轻时外表很像歌手猫王，后来才改为猫记。刀麻是客家话菜刀的意思，切就是我的面条是用菜刀切出来的。1984年，这个新村有部分商业，我就尝试做面食去销售，销量不错。后来我开始卖面食外卖。1985年7月，我从一张桌子，慢慢地做到八张桌子，并且客满。我从年轻做面档到年老，严格把关原材料，坚持手工，不仅面条手工，连汤底和酱料都是手工。我是一个'固执'的人，起初是为了养家，改善生活，但我也坚持着我的坚持，所以到现在我都有几代人的顾客了，这就是我的成就。"

正如华都牙也（石象）的城市名，当地人有着一种执着的信念、踏实的态度和不屈的精神，这是神奇的力量，可百炼成钢，水滴石穿，坚不可摧。无论是采锡矿、做木工，还是手艺、厨艺，华人依靠双手创造的无数奇迹，皆来自最初的一念：志坚意定。

国泰民安，岁岁太平

霹雳州北部城市太平（Taiping）原名拉律（Larut），东边为巍峨的拉律山（Gunung Larut）。太平又称“雨城”，因当地降雨量居马来西亚各地区之冠。19世纪前，今太平地区为荒无人烟的原始热带森林。约至19世纪40年代，一位马来人士Long Jaffar于拉律发现锡矿的痕迹，尔后在其号召下，大量华人劳工抵拉律进行采掘，并于1844年首次出口锡米。丰饶的锡米蕴藏于拉律两大地区，即今太平吉辇包（Klian Pau）和新吉辇（今甘文丁，Kamunting）。当时锡矿分别由“义兴公司”和“海山公司”两大会党控制，以广州增城人为主的海山公司控制吉辇包，新吉辇则由广东惠州人的义兴公司操控。两大会党间曾爆发三次“拉律暴乱”，后在英国殖民政府介入斡旋下签署协约达至和解。据当地华人讲述，当时在两大会党和解后，许多客家华人用客家话大呼“太平咯！太平咯！”，英国殖民政府官员了解“太平”的字义后便用“太平”取代旧称拉律命为地名。

两大会党和解后的太平百废待兴，大量华人自槟城等地涌入，与当地居民相处融洽，城市建设加速，太平亦跃升为霹雳首府，直至20世纪40年代由怡保取代。太平的繁荣和发展与华人紧密相连，当地政府为纪念华族先贤之贡献，肯定华族之功绩，太平部分街巷以其姓名为名，如林智惠路（Jalan Lim Tee Hooi）、中山路

（Jalan Chong Son）、王押路（Jalan Ong Hup）、林三及路（Jalan Lim Sam Kip）等。

昔日已逝，不忘先贤之劳苦，展望未来，勉力前行。吾深情之于马国（马来西亚），常日夜思千里，春树暮云。各民族共融、和谐、互助乃国家发展之根基，笔者诚心祈福，太平城内岁岁太平，马国国泰民安，民康物阜！

◎太平湖

皇城江沙

波光潋滟的霹雳河（Sungai Perak），不时有舟行过，两岸郁郁葱葱的绿草和树丛，远有群山静立，宛如深浅调配得宜的水墨画，铺开眼前的马来人家日常生活。霹雳河流经的瓜拉江沙（Kuala Kangsar）城内建有富丽堂皇的霹雳苏丹皇宫，故瓜拉江沙亦被称为“皇城”。江沙曾以生产橡胶闻名，华人先辈们便于此从事橡胶劳作。至今城内仍留存移植至马来半岛的第一棵橡胶树。

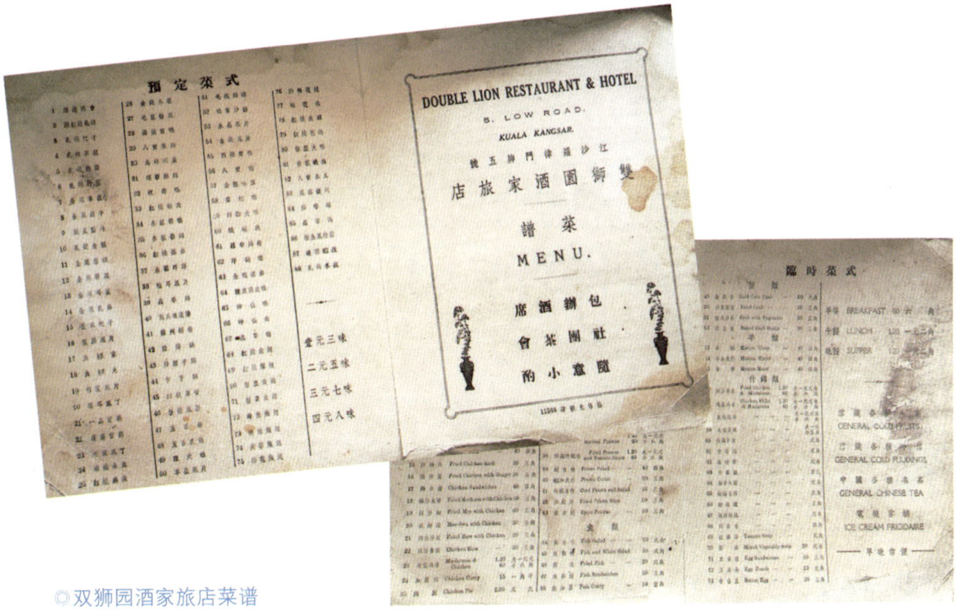

◎双狮园酒家旅店菜谱

百年历史的双狮园酒家旅店是皇城江沙繁荣和变迁的象征之一。龙师傅是双狮园酒家旅店的第三代传承人，旅店首层作茶室经营，售卖手工面包和咖啡。老旧的餐桌座椅、旧式的瓷砖和储物柜，时光仿佛瞬间回转，物是人非的场景，龙师傅是见证者："我是海南人，霹雳皇室将这间酒家转让给我的爷爷。当时不仅经营旅店，还有一间西餐厅，卖牛排、羊排等。来消费的都是生活条件较好的人士。在我小时候，大人们结婚是不必领结婚证的，在这里开茶会就当做结婚仪式了。当时茶会的饮料有咖啡、茶等，食物就是糕点，大家聚在一起吃糕点，谈天。我印象很深刻的就是新郎笔直的西装，当时他们就用糨糊来洗西装，然后拿去熨烫，这样的西装笔挺光亮。在20世纪50至60年代，我们的西餐厅有制作婚宴菜肴，来这里举办婚宴的有华族、马来族、印度裔人士，场景十分热闹。"

槟榔树满槟榔岛

槟城（Pinang），亦称槟州。位于马来西亚西北部，首府乔治市（George Town）是槟城重要的港口。槟城被槟城海峡分成两部分，槟岛和威省。关仔角为槟榔屿最早开辟之地。1592年英国人莱特与吉打苏丹签订条约割让槟榔屿后，英国人便从印度乘军舰横渡马六甲海峡登抵古木参天、荆棘丛生、蚊虫满布的关仔角。因岛上多为槟榔树，故取名“槟榔之岛”（槟榔屿）。

槟城华人以福建籍为主，福建话是当地通用语言。有趣的是，槟城印度裔能以福建话交流，部分印度裔流利运用福建话之程度可比肩当地华人。相同现象亦出现于马来西亚各地区，如沙巴州，当地华人以客家话沟通，马来人和原住民亦懂客家话；登嘉楼（Terengganu）州甘马仕（Kemasik）海南村，当地马来人会说海南话等。

19世纪后期，华人先辈从中国抵达槟城土库街（Beach Street）之地（今海墘码头），沿岸左右建起高脚亚答屋。当年殖民政府为将贸易活动点向北延伸，于岸边搭建短程台阶以便船只靠岸。据传，当时启用的码头，系由数个姓氏族人掌控，并成为其做工及聚居之地。渐渐地，同姓族人搭建起房屋，共同居住，姓氏桥由此而来，早期于姓氏桥定居的华人皆为福建泉州同安（今属厦门）人。姓氏桥有姓周桥、姓林桥、姓陈桥、姓李桥、杂姓桥和姓杨桥，其中以姓周桥规模最大，姓氏桥犹如海上的华人社区。

◎槟城土库街姓周桥

张振勋，字弼士，1841年出生于广东大埔县西河镇车龙村，客家人。其父张兰轩是清朝道光年间的秀才，以教书为业兼行医，育有四子，张弼士排行第二。1858年，因家乡遭受严重灾荒，为获生计，十八岁的张弼士遂辞别家人，与乡人相约下南洋，几经周折终至荷属东印度巴达维亚（雅加达），先后从事杂工、矿工，后至温氏米行做帮工。因张弼士诚实守信、勤恳苦干且精明，自1866年开始，其先后开办裕和、广福、裕昌轮船公司等，坐实南洋巨富之位。张弼士常道："生为中华民族，当效力于中华民众。"他不惜将大量资金移归祖国各地兴办大批现代工业企业，主张"实业救国"，并于1892年在中国山东省烟台投资兴办烟台张裕葡萄酿酒公司，改写了葡萄酒仅属于西洋的历史。1912年8月，孙中山先生到山东烟台参观张裕葡萄酿酒公司后，提笔一书："品重醴泉。"

◎张弼士

一日间，张弼士、其妻儿和家庭医生一行从印度尼西亚启程前往新加坡。当其购买德国班轮公司的头等舱船票时，受到不公平待遇，售票员表示仅售头等舱票予德国籍医生，已是著名华商的张弼士等人只能买普通舱票。张弼士听罢勃然大怒，撕碎船票，怒吼道："华人不能坐官舱是何等苟例!中华民族不可欺辱！"为雪耻，张弼士与广东客家华商们协商，成立远洋航运公司和轮船公司，与德国班轮公司竞争，专航行东南亚至中国东南的航线，且华人乘坐官舱一律半价，同时拒绝德国人乘坐。此事一出，挂着五爪金龙旗帜的轮船便来往于南海，让受尽歧视的东南亚华侨扬眉吐气。德国班轮公司因此事件致华人乘客锐减，最后取消辱华的规定。

满腹爱国情怀的张弼士大力支持华文教育，在南洋和中国兴办学堂，捐资数达十万两银。张弼士曾公开言："国家贫弱之故，皆由于人才不出，人才不出，皆由于学校不兴，我等旅居外埠，积有财资，眼见他西国之人，在埠设西文学堂甚多，反能教我华商之子弟，而我华商各有身家，各有子弟岂不可设一中文学校，以自教其子弟乎？"此博得热烈掌声。学者梁绍文在其《南洋旅行漫记》中书："在南洋最先肯牺牲无数金钱办学校的，要推张弼士第一人。"另在《张弼士的偶像》一文中言："张弼士的伟大，不在乎金钱的富有和禄位的崇高；他的伟大，就在他肯成肯为的精神，与能收能放的度量，赚了世间不少的财帛，同时能散放许多财帛于人间，这是何等的胸襟！何等的气概！"

1916年9月12日张弼士病逝于巴达维亚家中，临终遗言："死葬家乡。"英国及荷兰殖民地政府皆为张弼士下半旗致哀，民众则点香路祭。家属们遵照遗嘱，将

马来西亚

其灵柩自印度尼西亚巴达维亚（雅加达）运返中国广东大埔县安葬。

张弼士故居（Cheong Fatt Tze Mansion）又称“蓝屋”，是张弼士众多豪府宅邸之一，建于1897年，历时7年竣工。20世纪20年代，槟城乔治市莲花河路（Leith Street）一带皆为蓝宝石般的屋宅。1989年槟城古迹保护人士买下蓝屋，避免其因发展而被拆迁，1991年对张弼士故居实施全面整修，并于1995年对外开放，提供民众参观、举行晚宴及会议等服务功能。蓝屋外墙的蓝色是以石灰与蓝花（Indgofera Arrecta）的汁液混制成的天然染料涂抹而成，因蓝色在当时显高贵，故可为宅邸添声望。蓝屋内部共38间房、5个花岗岩铺面的庭院、7座楼梯和220扇白木百叶窗窗户，皆由中国工匠建造。精美的中国式梁柱雕花、哥特式卢浮窗、繁复的碎瓷拼花、新颖的彩色玻璃嵌板等，加之塑像、雕刻、挂毯等古董，样样精品、处处精致，均凸显屋主之显贵地位。

19世纪后期，声名显赫的华人甲必丹郑景贵晚年多居于槟城，故建“海记栈”。大宅融合中西方建筑风格，富丽堂皇，有中式木雕格扇，有英式拼花地砖与苏格兰铸铁工艺相辅相成，展现了侨生大户之绝代风华和富贵豪华的生活风貌与传统习俗。

◎张弼士故居（蓝屋）

“海记栈”亦是郑景贵于槟城公司的总部。1899年，郑景贵在“海记栈”之右建起一座慎之家塾。私塾或家塾为私人的学习场所，但清代广东有许多祠堂以“书院”“书室”或“家塾”为名。郑景贵建起的祠堂含有其荣阳郑氏于此开基之意，望子孙在此邦开枝散叶，成为盛族，报本敬宗。慎之家塾正堂内有堂匾“敬慎堂”，既有谨慎处事，又有敬崇慎之的含义。

郑景贵初期辅助父兄，约1858年始独立经营。其勇于开创，渐在锡矿业崭露头角，后领导当地华人劳工，继而被委任为甲必丹。此后郑景贵除经营锡矿业外，亦同其他华人头家承包拉律、瓜拉江沙、近打甚至收购霹雳邦之各种饷码（Farm System，即英国、荷兰等国在东南亚殖民地实施的一种税收承包制度），近乎垄断市场，财富积累急剧攀升，成为当时南洋大亨之一。

雄财仗义的郑景贵发迹后好善乐施，不仅贡献给马来亚，对祖国及邻邦，凡举振兴教化、赈灾恤贫、修桥建路等皆慷慨大义，而所捐必巨。郑景贵尤重教育，曾于广州慨捐三千金以设立书院（增江书院），设置奖学金等。1870年，郑景贵得悉祖国河北遭受大水灾后，遂以母亲赖夫人名义捐巨款赈济，获清朝廷赐“急公好义”牌匾。1884

◎海记栈

◎敬慎堂

◎郑景贵

年，中法安南（今越南）战争期间，郑景贵以家财逾十万金捐助朝廷作为边防军需。

郑景贵身材魁梧，气宇凝重，左额有一疣。《南洋名人集传》形容其伫立于人群中“虽不立崖岸，能令四座肃穆”。其为人严肃但生性朴素，晚年于槟城颐养天年，兰孙桂子。1901年12月，郑景贵以八十岁高龄于槟榔屿辞世，堪称福寿全归。霹雳官方曾赞扬其“迄今是亘古拉鲁历史最重要的人物之一”。槟城市议会以其命名两街：亚贵街（Ah Quee Street）、景贵街（Keng Kwee Street）。太平亦有郑景贵路（Jalan Chung Keng Kwee）和景贵巷。

大山脚（Bukit Mertajam，简称“BM”）位于槟城州威省中部，当地华人以福建话、潮州话交流为主。大山脚因海拔544米的直落卓坤山（Bukit Cherok Tokun）脚而得名。早期大山脚市区之雏形以福德正神庙为中心，周围形成市集，逐渐成为市镇。大山脚福德正神庙又称伯公庙、玄天庙，建于1886年。因建后数年未能发展，众人遂酌商设立三项基本建设：一是于庙宇后方开商店；二是设立亭子供菜贩经营果蔬买卖；三是增设书房，教导学子。

福德正神会理事长拿督庄佛和介绍伯公庙道：“大伯公（Tua Pek Kong）庙是华人早期的贸易场所，小贩在这里摆摊卖水果、蔬菜，他们要交摊位费，当作是庙的各项费用以及以后创立大伯公庙的费用。已故的福德正神理事会总务伍佰洽是惠州客家人，他有提过在大山脚北面种植豆蔻、丁香等其他作物，因为那里有一个深水潭不方便，所以大家就自发每天去集市的时候挑一筐石头将水潭填平，从此之后凡是山顶人在伯公埕（Pek Kong Cheng）卖水果就不收摊位费。”

◎庄佛和

经增设商铺后，出租收入可观，福德正神庙于19世纪末设立义学堂，并聘教读先生。据王琛发《惠州人在大山脚开发史上的地位与组织的变迁》一书指出，黄庆陈率领福德正神庙董事办义学，义学以客家语为媒介，理事身份据说全是惠裔。除义学堂外，亦有塾师自设帐授课。还有直落卓坤老庙有以惠州语（客家话）教学的义学私塾，学生来自大山脚东、北两面大山为耕农子弟。

旧时南下之先辈，皆以教育孺子为首要之事，纷纷创立义学堂或自设讲帐，于家中开馆授课。据郑良树《马来西亚华文教育发展史》一书述，马六甲在1815年已有私塾，当时的华族人口为1006人，仅占总人口数的5%；新加坡1829年已有私塾，华族人口为7575人，占总人口40%；槟城1830年已有私塾，华族人口为8963人，占总人口26%。回观威斯利省，虽然义学堂或私塾的数量不可考，但从华族人口逐年递增，甚至在1891年增加至22 619人、占总人口的21%来看，应有传统私塾林立。

传统私塾学堂有三种模式：一为学堂形式，即群体设立义学堂和塾师自设讲堂；二为自请塾师，即聘塾师至家中为族中子弟授课；三为私人自聘。

马来西亚华文学校办学形式分两类，国民型（国立）和独立型（民立）。创办于1918年的日新独立中学是马来西亚独立华校的旗帜之一。

©张得成

百年店家新荣兴（Heng Weng Sin）今以售陶瓷器皿为主业，店主张得成出生于1934年，是第三代华人，祖籍中国广东普宁。父亲以制作墓碑为业，自小便随父亲“观察石头、切割石头”，在耳濡目染下张得成学成一身“石艺”。忆起往事，张得成老人泰然坐于店中乐谈道：“现在马来人和印度裔人也会买华人的中药煲，因为他们也有听说华人的中药可以治好病，他们也会学华人买中药回去自己煲药喝，这里的民族都是融合的。以前的人到山上用火药去爆石头，不是炸碎，只是把它炸裂。然后慢慢地割成一片片，运下山，再做加工，打磨成型、刻上碑文等。这里产的石头都会运到槟城和怡保卖。以前的人常常说这里是‘那座大山下面的地方’，叫习惯后就变成了‘大山脚’。”

©日新独立中学

稻米之乡，历史悠长——吉打

吉打州亦称“米都”，是马来西亚稻米主要出产地。位于马来西亚西北部，是马来西亚与泰国交界之地，首府亚罗士打市。吉打州旧时隶属暹罗（泰国）管治，槟城亦属吉打州之管辖范围。

吉打州第一位华人甲必丹是福建漳州籍华人辜礼欢，深受当地华人和马来人尊敬。当时吉打州由暹罗控制，因辜礼欢与暹罗王族有密切联系，常往返于暹罗与马来西亚。槟榔屿开埠后，辜礼欢迁居至槟榔屿。1805年，槟岛设立市政府，委任辜礼欢为市议员，其亦成为在英国殖民政府管辖下的槟榔屿第一位华人代表。

因地理位置与泰国南部地区接近，1866年，两国间贸易量的不断增加，宋卡（Singgora，今泰国南部城市）王国开始建设自宋卡至吉打州的马路。吉打州统治者委任华人阿成（Ah Seng）出任吉打州华人甲必丹，不久后又委任华人阿少（Ah Saw）为甲必丹。1870年，吉打州统治者拨出部分土地给予华裔商人，安排其种植咖啡和丁香树，其余地区的华裔和印度劳工便涌进吉打州。

踏进吉打州，成片“稻海”映满眼前，朴素自然的风光，辽阔的田间林地，让人在悠然间领略田园风貌，余晖洒、稻草舞、农人悦、柴火炊、微风拂，望夜空，点点星辰来点缀，何比拟？酣睡处处，处处如归。

星点玻璃市

玻璃市为马来西亚面积最小的州属，简称玻州，首府是加央（Kangar）。位于马来西亚最北端，与泰国交界。玻璃市居民以马来人为主，华人以福建、潮州籍为多，还居住有泰国人。

玻璃市港口（Kuala Perlis）为玻璃市河（Sungai Perlis）之河口，是前往浮罗交怡及泰国南部城市沙敦的渡口码头和玻璃市的渔业港口。玻璃市港口的华人以客家人、福建籍为主，其中客家人自对面港（Kampung Wai）搬于此。早期对面港开垦之先驱皆为客家华人，其从中国南下抵对面港，以种植稻米为生。

加基武吉（Kaki Bukit）是早年马来西亚著名采锡区，采锡矿者为客家华人劳工。于加央经营广珍钟表行的广东四会籍华人甯伟棚谈及锡矿山洞："在加基武吉不远的地方有个洞穴叫暗窿（Gua Kelam），暗窿就是'黑暗洞窟'的意思，暗窿在马来西亚众多的洞穴中占有一席之地，它是天然的岩石生态山洞景观。八英尺的木板吊桥是通往洞穴的唯一途径，以前是悬式吊桥。暗窿的发现还要追溯到1935 年，当时的英国人为了把锡矿石运送到加基武吉，就利用起了矿场附近这条地下洞窟的水道。现在我们就可以沿着灯火通明的木板步道走进这座洞穴。在洞内，就能够看到过去采矿留下的痕迹。穿越洞穴的时候，有地下河和蝙蝠，还有洞顶钟乳石，通道尽头就是旺当加（Wan Tangga），那里有一个公园，好像一个世外桃源。"

据悉，石灰石洞穴暗窿的锡矿源自地下洞穴或石灰悬崖之缝隙中。不难想象，客家先辈们开矿劳作甚是艰辛、困难，原本仅为小溪流经的天然岩洞，采锡者将其挖掘成通道（今位居马来半岛洞穴通道长度第二），利用洞穴运出锡米，而洞穴采矿法危险性极高。但客家人为改变命运、改善生活，不惜险中求胜，甚至绝地求生的精神及让今人肃然起敬的客家大气节，是激励笔者作为一名客家人前行的强大力量。

◎锡矿通道

东海岸边三朵“浪花”

吉兰丹州、登嘉楼州和彭亨州三州并称马来西亚东海岸，皆拥有沙质细腻的沙滩、清澈的海水及海岛和森林资源。吉兰丹和登嘉楼的华人皆习惯称呼华人聚集之地为唐人坡，而非唐人街。一位学者指出，“坡”为福建方言“小地区、小地方”之意，因吉兰丹州、登嘉楼州等以马来族人为多，华族人数较少、聚居地范围小，故称其为唐人坡。

吉兰丹首府为哥打峇鲁（Kota Bharu），在早期的吉兰丹哥打峇鲁唐人坡（Kampung Cina），聚集了各地华商于此开展商业活动，遂逐渐形成商业及文化中

◎吉兰丹唐人坡牌楼

心。唐人坡之华人以福建籍为多，少数客家人、广东籍等。百年前，唐人坡的客家籍华人多数经营打铁店，提供农具和武器，一街道内共七间，故此街名为打铁街（Jalan Tukang Besi）。

1823年，两位华人头目颜珠篱（Gan Chu Li）和黄宰（Wee Chai）（1798—1880年）被吉兰丹苏丹摩哈默一世（Sultan Muhammad I）分别委任为唐人坡上区和下区的甲必丹，负责华社的治安和税务，并有开设赌场、售卖酒等权利。黄宰任甲必丹至三代后因后继无人遂由外孙谢清辉继任。

◎吉兰丹苏丹御赐大鼓

华人寺庙是华人聚落的标志，位于唐人坡的镇兴宫已有数百年历史。据记载，1727年，一位福建漳州六甲人士林伯显携带妈祖金尊乘船南渡，船遇飓风，漂抵吉兰丹万捷海岸，再坐小木舟至大港顶古西亚附近村落开辟垦荒、种植粮食，并与当地马来村民建立友好关系得以安然居住，遂寻找适宜之地安置妈祖金尊，后于六公里处赤脚督公村（Tok Kong Mek）建起简陋小庙宇，即今圣春宫前身，当地华人纷纷前往拜祭。1790年，因唐人坡至此需过江较为不便，故依照圣春宫妈祖形象另造金尊祀于唐人坡新筑庙宇——镇兴宫内。

镇兴宫内存有一面意义深远的大鼓，陈旧的外表讲述着其承载华族和马来族友谊长存之使命。据吉兰丹华人历史及文化协会相关资料记载，吉兰丹苏丹摩哈默一世（Sultan Muhammad I，任期：1800—1835年）因不堪自登嘉楼拟篡位之亲属东姑摩哈默（Tengku Muhammad）频频侵袭，于1823年向暹罗王室寻求保护，并许诺三年一度赠金花回报，此后吉兰丹安然太平。1878年，吉兰丹苏丹摩哈默二世（Sultan Muhammad II，任期：1837—1886年）为履行三年一贡之契约，遂委派华人亲信绰号“阿旺”之人为特使负责运送金花至曼谷（Bangkok）进贡。不料运贡品之船出海便遇狂风暴雨，苏丹摩哈默二世为此悒悒不乐。一位福建籍黄姓通译员为消除苏丹摩哈默二世之忧遂至唐人坡镇兴宫妈祖前求签问卜，得平安上签。他转告苏丹摩哈默二世，妈祖为海神能保海上平安，签果甚好。但等待许久仍未有归音，黄姓通译员再至妈祖尊前叩拜亦取平安签，苏丹摩哈默二世暂释怀。不久后，阿旺完成任务平安而归，苏丹摩哈默二世大喜，特命人制作一面大鼓赠予镇兴宫以报答神恩。此鼓代表苏丹摩哈默二世对华人的信任，见证华族、马来族相互尊重、和睦共处之史实。

卧佛圣殿（Wat Photivihan，卧佛寺）位于道北县（TumPat）甘榜占布（Kampung Jambu，占布村），寺内卧佛全身长135尺、高35尺、宽34尺，塑建工程耗时六年。据有关记录显示，甘榜占布开埠已有数百年历史，来自泰国南部北大年（Pattani）的泰国人南下迁徙，发现此土地肥沃适于耕种，遂开垦种稻。因泰国人信奉佛教，故其于Anal河畔（Anal河为联系当地居民与泰国南部人的重要河道，一切所需的建筑材料皆由此河运往当地）建起一座暹庙（泰国庙宇）用于传教仪式，因庙宇拥有巨大的菩提树，所以被称作菩提树佛寺（Wat Photivihan）。据传菩

◎吉兰丹卧佛

◎昙慰住持

提树源自斯里兰卡，由近代住持普昙普法师于百多年前栽种。直至1973年庙内卧佛建成后，该庙改称卧佛寺。

甘榜占布的居民由泰国裔和少部分华裔组成，以种蔬菜、烟草等为主。其风俗为，欲成家之男儿需先出家当和尚，故除赴学堂外，其还需学习泰语及佛教教理，每月四次于庙中修持，如诵经、清理庙地等，夜晚则接受和尚的开导。

卧佛寺昙慰住持来自霹雳州怡保，为人亲切友善，向笔者谈及寺庙历史时说道："这座寺庙建筑的来源与一位华人方丈昙华（Than Hua）有关系，他又叫做Phru Palad Hua，华文名是李亚源，1933年出生。他只受过四年小学教育，因为接触佛教，后来他以最短的时间学会了泰语，在18岁的时候还俗做起了杂货店生意，两年后结束生意重新皈依佛门，也到过曼谷学佛，最后就回到了吉兰丹。1960年做起了菩提树佛寺的住持。见到菩提树佛寺的发展停滞，就下决心建造一座睡佛成为全吉兰丹最大的佛教圣地。佛像一建成后，就吸引了千万游客到这里。菩提树佛寺还有一个特色就是其他暹庙住持都是清一色泰籍人，这里却是和尚都是泰籍，住持历届都是华人。"

吉兰丹州与泰国南部地缘相近，除文化和宗教相互交流外，种族互通亦是此地独特的风俗，有华人与暹人（泰籍人）通婚，亦有马来人与暹人通婚。当地华人（福建籍为多）多与暹人通婚，其后代被大众俗称为"福建暹"。然"福建暹"非正式及学术性用词，故本书以"吉兰丹土生华人"称之。吉兰丹土生华人有华文名，饮食融合福建、马来、泰国等元素，以酸辣为特色，喜鱼露，烹用猪肉且习惯以手抓饭而食。

吉兰丹土生华人散居于当地，沿吉兰丹河与马来人杂处，在日常生活方式、服饰、语言、住宅、风俗习惯等方面，受当地马来人影响深刻，华人与马来人时常难以分辨。华人之间或与外族交谈多使用马来语吉兰丹方言，其讲话方式、腔调、称谓等与马来人无异。华人亦会使用吉兰丹腔调的福建话和部分泰语交流。简言之，吉兰丹华人的语言为混合语言。吉兰丹乡村华人的住宅与马来人的类似，主屋均为长方形的高脚屋，离地面1—1.5米。

位于卧佛寺不远处Jalan Kubang Sepat-Wakaf Baharu路旁的暹人村庄Kampung Kenak内仅住有数户土生华人家庭，屋主为福建籍土生华人傅炳荣，其儿孙绕膝，虽为华人，但样貌与马来人相似，并用华语向笔者介绍道："我是第二代华人了，我母亲是本地华人，我爸爸名字叫傅仁寿，他从中国福建仙游来吉兰丹，我们去年有联系上他在中国福建的兄弟的后代，还准备回去福建看看，真的挺开心的。"

忆起旧时，傅炳荣女儿傅安妮细谈道："我妈妈是暹人（泰裔），会讲泰语、马来语和福建话，我爸爸和我的华语都是在学校学的。因为我们是华人，所以要去读华校，我的女儿和儿子都是读华校的，这村里的华校是暹人、马来人和华人一起读，我怕他们的华语学得不够标准，所以我宁愿早一点起床，送他们到哥打巴鲁去读华校。吉兰丹特别的是这边的暹庙都有教授孩子们学暹语（泰语）。我们都会记得华人节日，好像清明节、中秋节、新年那些节日，我都还会祭拜，祭拜要准备的东西我都会去学，因为我是华人，传统的东西我们一定要保留。"

在离开暹人村庄Kampung Kenak之时，心中莫名感动，不单是对华人的亲切感，更多的是土生华人对华语和华人传统的执着令人感动。在以马来人为主、部分华人和暹人的吉兰丹州，种族之界限已因通婚和杂居变得模糊，在华人极少的村落Kampung Kenak，华语、华人习俗依旧被重视，折射出"根"文化对当地土生华人的深刻意义。

登嘉楼旧称丁加奴，首府瓜拉登嘉楼市（Kuala Terengganu）。登嘉楼在《爪哇史颂》中本名为Trengganu，葡萄牙人称其为Talagano，后改成Terengganu。

因旧称“丁加奴”一名寓意不佳，当地华人遂向马来西亚相关政府部门申请将丁加奴更名为登嘉楼，有“登”上更“嘉”一层“楼”之意。申请通过后，“登嘉楼”被正式用作州名称，州首府瓜拉丁加奴亦改称“瓜拉登嘉楼”。

◎登嘉楼和安宫

根据中国古代史籍《明史》《东西洋考》《黄明象胥录》《罪惟录》等记载，其所称之“丁机宜”即为今马来西亚登嘉楼。有称其“国”，亦有称其“爪哇属国”。

登嘉楼州的华人移民可追溯至数百年前。在清朝乾隆年间，福建籍人士自中国南下登嘉楼；1773年，从中国移民至安南（今越南）的华人因局势动乱，为保安全遂举家乘坐木筏至登嘉楼避难。其航行路线大致为经过瓜登河口后向上游约19千米，在猪莪（Tirok）和蔗铺（Tepoh）的浮罗巴味［Pulau Babi，今为甘榜巴哈芽（Kg. Bahagia）］两个村庄上岸后遂定居，以种植甘蔗及养猪等为生。

以庙宇集合埠中人士为历来之传统，故约于清朝嘉庆年间已有和安宫之设，据旧和安宫内印有嘉庆六年（1801年）的古钟可知，此庙宇已有数百年历史。1915年，登嘉楼唐人坡一带发生瘟疫，由于缺乏医药，罹病而亡者多，人心惶惶，不可终日，纷纷寄望神明之佑。遂重建和安宫，参拜天上圣母，求消灾解难以安人心。

位于今和安宫后方的“老爹井”是福建籍林氏家族自中国南下拓荒定居登嘉楼后于“甘榜忠”之地开挖而成，供其家族大小汲用。因当时仍留存中国封建思想，故井被分隔两边，供男女分用。清朝光绪年间，恰逢干旱引致瘟疫流行，而家家户户之井干涸且带咸味，人们苦不堪言。唯有林氏之井水源不息，见此状林庆元毫无保留地将此井开放于民众汲用，得以解燃眉之急。林庆元因此义举，被赐“老爹”官衔，此井则被命名为“老爹井”。

清朝时期，福建人习惯尊称官员为“老爹”，故也称自中国抵登嘉楼后对有官衔的华人为“老爹”。“老爹”一词马来语名为“Juru Bahasa”，是辅助甲必丹管理华人事务，由苏丹封赐的官职。此官职多为福建人士担任，因清朝时期最早南下

◎登嘉楼唐人街牌楼

拓荒者为福建人。“老爹”一职也是登嘉楼州华人历史中独有之官职。

登嘉楼唐人坡是早期华人聚居且经营店铺等之集中地，渐渐形成街市，演变为唐人街，已有数百年历史。1881年，由华商黄新禧（1848—1930年）出资于其店铺前（今德顺号），立以爪夷文书写“Allah Selamatkam Baginda Agong”的唐人街牌楼，设计简陋。早期的唐人街牌楼皆为临时筹款而搭建，用于佳节庆典等以示欢迎及庆祝，欢庆毕，即拆除。

1942年（日本统治时期），当时民众被迫庆祝日本天皇（庆长天节）而搭建临时牌楼，由民间出资建设，设在福建会馆旧址至广东会馆。

今登嘉楼唐人街牌楼是经数次维修及合法化申请后，被保留及修缮而得。美轮美奂的唐人街牌楼畅旺了区域内的餐饮业和旅游业，成为登嘉楼主要地标之一。

望着屹立路中的红色唐人街牌楼，登嘉楼中华大会堂副会长徐明章老先生感慨道：“你现在看到的唐人街牌楼实在是来之不易的，当时登嘉楼中华大会堂和华人民众们一致认为要建立一个永久的牌楼。为了实现牌楼的合法化，实在是一波三折，历尽曲折，申请被驳回后又继续整理资料再次递交申请，这样的过程我都看在眼里。经过多年不懈地努力，终于在1998年初由市议会核准合法化，民众和华团都感到十分欣慰。通过这件事，我感受到作为一个中华儿女的骄傲，华族是很坚强的民族，勇于争取华人的权益，尽管尝试了很多次，但那种不抛弃、不放弃的精神深深地打动了我。”说罢，徐老先生眼眶湿润。

◎徐明章

任职于登嘉楼中华大会堂的徐明章老先生是登嘉楼州少有的研究当地华人历史的学者，热心于华人事务，尤其关注保护华人古迹建筑等。曾言：“我时常跟太太说，我的东西都可以丢掉，但是这些华人历史的资料千万不能丢掉，这是我的命根，是我多年来积累的资料，很有意义。”

位于登嘉楼唐人街主干道苏丹依斯迈路（Jalan Sultan Ismail）一侧后方、接近登嘉楼河（Sungai Terengganu）的唐滨道，早期为华人居住地的河岸边，后由登嘉楼政府实施填土工程后变为今日观光地。“我一直致力倡导保护唐人坡的历史建筑，尤其是唐滨道的那些房屋，建在河边的高脚木屋，很久以前生活在这些屋子里的华人与马来人实行的是物物交换，加上这些房子有历史价值，所以非常珍贵，联合国也有拨款维修，但还是没有保留下来，我非常心痛，真的非常可惜！”徐老先生不胜唏嘘。

笔者此行到登嘉楼州调研，年事已高的徐老先生亲力亲为、细心讲解、毫无保留，为此笔者深表谢意。徐老先生交于笔者之资料珍贵且意义深重，定当珍之、用之，对于徐老先生之所托、所望，笔者必将尽力而为之！

马来西亚华族人士可在政府婚姻登记注册处授权的公会、会馆、大会堂等，或在政府婚姻登记注册处办理婚姻登记注册，但登记后需在公示栏上公示一段时间，若他人无异议方可正式登记注册。

◎登嘉楼中华大会堂婚姻注册处

登嘉楼中华大会堂婚姻注册处的各项布置、人员安排、登记处理等，将中华传统的婚礼习俗在南洋之地充分展现。注册处设于登嘉楼中华大会堂大楼内，入口处以多彩花圈相迎，两对喜庆大灯笼首映眼帘，贴有大喜字及大红花的古色背景墙前摆有两张中式木椅，摄影、休憩两相宜。前来注册登记的一对新人端坐于注册官前，新人父母分坐两侧，在印有金黄色龙凤呈祥的图案前，百年好合、永结同心的传统祝福穿越时代的变迁、通过地域的迁移送达至此对华族新人。

登嘉楼中华大会堂副总务郑云华女士介绍道："我们的婚姻注册处成立有一个小组，分设有注册官（会长陈明山担任）、秘书、财政、影像摄影、场地布置，还有马来西亚国家婚姻注册局辅导员几位。这里的摆设多来自中国，就好像这座花轿，设计和原材料是中国的，组装在马来西亚。我们希望能将最传统的华人婚俗还原，让他们感受到作为中华儿女的自信。"

巨型"福"字壁画绘于登嘉楼唐人街和安宫旁，农历新年期间，分成12排的138盏福灯点缀了大福字，喻义点亮并造福唐人街。会长陈明山指出，登嘉楼中华大会堂曾发起"一人一灯笼，连心亮唐城"活动，全年为唐人街挂上红彤彤的灯笼，使唐人街的装饰更为多元化。

夜晚的登嘉楼唐人街散发独特魅力，标志性的唐人街牌楼在红灯照耀下格外醒目，抚其而感之，大而沉的牌楼实非重量，而是民族精神与气节的分量。立于两旁古色古香的建筑让人联想旧时华人生活的岁月，灯火通明的食肆早已人声喧嚣，各式华人食物应有尽有。站于远处，映入眼中的红是此街的主打色彩，它红得自然、红得喜气、红得难忘。

◎"福"字灯笼

“福”字壁画让人不禁驻足观望，圆体的“福”字或许更为寓意深刻，加之右侧散布的上百个“福”字灯笼，来自登嘉楼州华人既热情又含蓄的祝福，笔者已满满装进心中。

瓜拉龙运（Kuala Dungun）简称“龙运”，为登嘉楼州管属地区。因盛产铁矿石，加之临近南中国海，在英国殖民时期，英国人大量引入华人劳工开采，并利用地理优势将铁矿石运回英国，龙运便成为铁矿石的出口港。在日本占领马来亚时期，日本人将龙运的铁矿石制作成战斗武器，用于军事侵略。

华人初抵今马来西亚时，大多亲自于海边、山地等地动手搭建房屋，并逐渐形成华人村落（Kampung）及市集。直至1950年后，英国殖民者为加强管控当地华人，便建立起新村（Kampung Baru），将华人全部集中于一地，并用篱笆等围起，利用发放身份证及粮食卡（凭卡发放粮食）等手法约束华人衣食住行等。

马来西亚各地散布有许许多多华人新村，便是英国殖民统治时期之遗留。如登嘉楼州龙运五哩新村、甘马仕亚益仁耐新村（Kampung Air Jernih）等。

龙运五哩新村是一座由各籍贯华人共同聚居的村落，因距离龙运市区五英里而得名。据了解，1950年初生活在远离龙运市区的民众因生活受扰，迁移后便集中于今龙运五哩新村。当时建立村落时有300多人，为儿女之教育便于1950年岁杪共力合建了一所简陋的校舍（无门窗），收容50余名学童，此校舍即为今五哩新村国民型华文小学之前身。1952年，甘马仕阿依仁耐村村民被迫迁移入五哩新村，学童随之增加至100余人，校舍空间严重不足，在龙运马华公会协助下加建一所亚答木板校舍并由时任丁加奴州苏丹端姑纳西鲁丁莅临开幕。悉知经费来源除热心人士捐助以外，其余则是从学生学费及征收猪马捐（向猪肉贩每屠一只猪征收的费用）而得。在第三任校长朱正华（Choo Ching Hwa）任职时，鼓励学生们在学校后方的空地上种植黄梨（凤梨）以增加学校收入。后学校领导将种植物改为椰子，椰子出产后或多或少也改善了学校经济状况。

五哩新村国民型华文小学办校初期仅有一至四年级，至1956年后始有五、六年级，方为一所完全小学。得益于热心家长、村民及地方领袖等的努力，学校渐由木板校舍转变为钢筋混泥土建筑，有篮球场、羽球场、多功能礼堂等。

◎李爱华

第十八任校长李爱华女士是登嘉楼州的第三代华人，祖籍中国福建永春。长年从事华文教育工作，直至今为华小校长，爱华校长可谓不负长辈之望，身体力行，坚持不懈地用华文教育诠释其传承中华文化的用心与决心。笔者曾与爱华校长于五哩新村国民型华文小学校长室座谈，其言："我知道的家乡的情形就是从长辈们的口述中而来的。在2014年，通过马来西亚教师总会，我同华校的教师们去到了中国福建省武夷山市参加教学研讨学习会。我发现我们的中文水准还是不差的，只是在课时的进度上比中国慢了一些（一年半），就好比中国四年级上半年的中文课程，在马来西亚就是六年级的课程了。"

当笔者站在五哩新村国民型华文小学的操场上环视校园时，宽敞的环境和年代不一的校舍让人为之触动。华人聚居之地必建华校，每间华校皆有其办校之艰辛历程，知悉五哩新村此华小创校简史后，笔者相信此座华校带给五哩新村村民的意义已不仅是学校，还是当地人为保护和传承自身文化的精神象征。正如校内张贴的华文标语："爱迪生失败了七千多次，世界才亮了起来，你呢？"

位于登嘉楼甘马仕的亚益仁耐新村是一座海南村庄，行至村口，飘香的海南咖啡，摆满桌的玉粑和三角糕，海南方言，以木板搭建而成的百年屋子……

据悉，此海南村成为新村前，名为甘马仕海南村，即距离位于海边的甘马仕尚有数公里之内陆。1954年新村成立后，甘马仕海南村更名为“Air Jernih”，马来语“清水”之意。村民便直译作“亚益仁耐”。

成立于1906年的甘马仕海南会馆无疑是村庄的核心，位于会馆第二层的天后宫，供奉着三尊妈祖，守护和庇佑着亚益仁耐新村，凝聚着每位村民的心。对于三尊妈祖的来历，村民王祚锦解释道：“我们村民通常称这三位妈祖为大妈、二妈、三妈。大妈是主神天后圣母，也叫妈祖，海南人称为婆祖，是中国福建莆田湄洲河畔的林默娘。二妈是水尾圣娘，来自于中国海南文昌坡尾村。三妈是黑面三妈祖，来自中国福建泉州。海南岛的海神有外来的神，也有土生土长的神，并且每一个神灵都有故事在民间流传。众多的海神庙构成海南岛上一条独特的民俗文化风景线，证明了在十分久远的古代，海南人的海上渔猎与商贸经营就十分活跃这样的一个事实。凡是供奉神灵的庙宇祠堂，一般也是社交活动中心。”

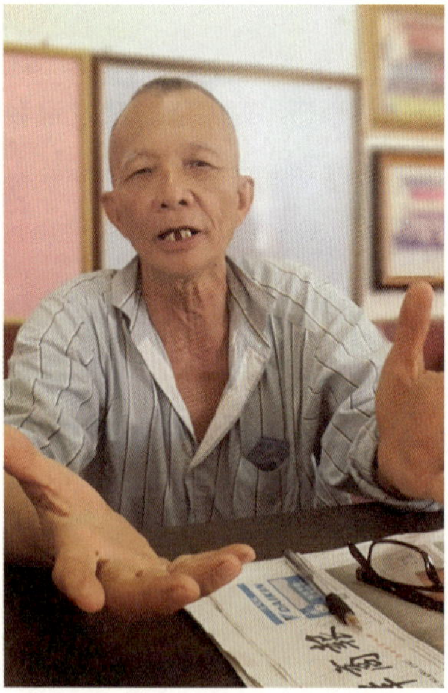
©林师效

亚益仁耐新村（海南村）之开埠定有先驱者，加之甘马仕海南会馆成立已有上百年，必有史料可寻。为此，甘马仕海南会馆总务林师效简述村史道：“我们海南村是一位名叫林猷华的人开埠的，他首先在这里开荒种植胡椒，不久后海南同乡们也乘船到了这里，在分散的胡椒园区内落脚。后来就种植甘蜜等，再后来就种植橡胶树，村里的生活也渐渐好了起来。随着从海南南下的同乡们越来越多，先贤符朝炳为了让同乡之间相互扶持，联络乡情，就发起建设海南会馆的倡议。后来在光绪三十二年（1906年）就成立了这座海南会馆。”

◎韦裕卫

回忆起海南村的历史，海南村甘马仕海南会馆副主席韦裕卫感慨道：“1842年之后，大量的海南人移居到马来亚的各个角落，主要原因是家乡生活贫困艰难和社会动荡，从而被迫离开家园。由于马来半岛在地理位置上比较接近海南岛，所以海南先贤们首先在东海岸的吉兰丹和登嘉楼登陆。1890年期间，最早移民此地的是海南人林猷华和一位广东人。这里的海南人多数来自文昌。随着社会的发展，时代的推进，马来西亚的一些海南村、海南街也逐渐缩小甚至消失，村中的年轻人大多去往大城市做工，留在村内的只有老年人，这是普遍的现象。”

漫步于传统的海南华人村落，一排排联立的木板屋静述沧桑，村内两三家店铺手工制作的咖啡实属珍品，每每入口皆散发满满的人情味。

◎韦衍利

“挑选优质的咖啡粉是第一步，冲咖啡的水一定要够滚烫，这样的咖啡才会香浓，倒入滤袋后最起码要滤三次，滤的过程要拉高，这样才会充分释放咖啡香气，还有杯子要烫过，这样才会保持住咖啡的温度。海南人独创的海南咖啡，我一直在坚守。”祖籍海南省琼海市的韦衍利自信从容地谈及冲泡海南咖啡的心得。

海南村第二代华人严礼侠出生于1944年，祖籍中国海南省文昌市。虽行动不便，但他演示起制饼手艺依旧熟练迅速。“我父亲做饼的手艺是他的同乡教授的，起初我这里是开茶室的，以前整个村都很热闹，现在已经难以想象当时的盛况。父亲学会做饼后就在茶室售卖，有制作排骨酥、新娘糕（类似云片糕）、笑口常开（开口酥）、豆沙饼等等，到我这一代已经式微了。排骨酥没有排骨！硕果仅存的排骨酥原来名称是排九酥，‘排九’是海南语‘倒转’的意思，后来为了好听、好记就叫做排骨酥。以前的排骨酥用猪油、面粉、花生、芝麻等材料，把这些材料混合好后擀平，用刀子切口后倒转成形就可以拿去炸了。虽说这种饼是这边海南人制作的，但是我父亲回去海南文昌却找不到这种饼。”严老先生的华语程度让笔者印象深刻，其对待制饼的认真态度亦令人难忘。

◎严礼侠

乡愁，其于第一代移民的华侨而言是祖国、家乡的土地，是剪不断的亲情联系，是忘不掉的儿时记忆。对于第二代、第三代华人而言，祖国故土是父辈时常挂于嘴边的思念。再于第四代、第五代华人而言，家乡是先辈之根，遥远而陌生。对未来华人后代而言，华语和家乡话或许是最基本的祖籍地认知，或许还有那一杯杯海南咖啡、一碗碗客家擂茶、一碟碟广东猪肠粉、一盘盘福建炒粿条……

◎排骨酥

地形狭长的登嘉楼州拥有长达200余千米海岸线，每停留一处皆与海岸相近，止之远望，所及之处云无留痕，水接天一色，亲感海浪缓击，其深邃无垠使人肃穆，撼于南中国海之湖蓝，浮想先贤之抵岸旧影，心系祖地身在客乡，欲归去，乃待他日衣锦返乡。日渐长，此地所事无以诉，故里之音唯报安。昔日至此为何因？无奈家中高堂与膝下，夜思前事，如梦似幻泪暗滴。

登嘉楼浪中岛（Pulau Lang Tengah）位于停泊岛（Pulau Perhentian）和热浪岛（Pulau Redang）之间，虽为小岛但其椰林树影婆娑，水清沙细，风景、海景绝佳。丰富的自然景观使人流连忘返，如热带雨林、蓝珊瑚、缤纷瑰丽的海藻、七彩斑斓且形态各异的鱼群、海龟、小鲨鱼等。

浪中岛岛名突出了此海岛的两大特点，一是老鹰栖息于岛上，二是浪中岛居中于停泊岛和热浪岛。“Helang”为马来语“老鹰”之意；“Tengah”为马来语“中、中间”之意，将“Lang”与“Tengah”搭配即为“浪中岛”，亦为“鹰中岛”。

浪中岛岛主为客家华人庄发明，其子庄子承是浪中岛夏日海湾度假村（Summer Bay Lang Island Resort）的运营负责人。作为继承父业的新一辈，庄子承坦言：“我们开发浪中岛费时费心，最初吸引我们的就是这些原始森林、柔白沙滩、多样生物等，将这一系列自然景观与大众分享是我们创办的初衷。保护生态的课题一直都是我们关注的，大自然给予我们这些美景，我们也有责任保护它，所以我们发起了‘我们只有一个海洋，保护它’的行动。我们的努力不仅用于岛上和潜水中心的游客，我们也致力于教育和创造，传播保护海洋生物的意识。”

主旨为尊重和保护海洋生物的“我们只有一个海洋，保护它”行动始于2012年，并成功设置环岛3.8千米周边禁采区。浪中岛夏日海湾度假村作为具有高度环保及保护生态意识的企业，数年来在践行社会价值的路上尽心尽力。略述之，一是每年认证数百名合

◎庄子承

格潜水员，教授其保护海洋生物相关知识，为住客提供正确的浮潜安全和保护海洋生物的知识。二是为尽量减少使用柴油，投资太阳能系统进行发电，并成功维持高达六成的电力，防止了空气污染。使用太阳能防蚊灯代替防昆虫化学品，避免空气污染。三是自行铺设地下抽油管，当船到达码头时使用泵将汽油直接转移至汽油储池，阻挡了汽油泄漏到海洋损害生物。四是通过使用智能系统，解决了污水废物处理问题，同时减少了一半以上淡水的使用需求。所有的污水废物将归入程序处理，经过处理后的污水废物可以用作岛内树木等植物的肥料。五是明晰企业社会责任，于登嘉楼唐人街创作壁画，鼓励社会大众对鱼翅说“不”。六是使用环保净水器，让住客自助取水取代瓶装矿泉水，每年减少提供超过12 000瓶矿泉水，大大地减低塑料容器的使用。七是教导游人浮潜或深潜时勿使用防晒霜等化学用品，从而保护海洋生态系统。

◎海龟保育讲解

◎登嘉楼浪中岛风景

2013年4月，中国国家主席习近平在海南省考察时指出："良好生态环境是最公平的公共产品，是最普惠的民生福祉。青山绿水、碧海蓝天是建设国际旅游岛的最大本钱，必须倍加珍爱、精心呵护。"

同是海岛的马来西亚登嘉楼浪中岛，常怀感恩之心的庄发明父子深感行动刻不容缓，尽其所能使岛上各类风光得以原貌保留。古语云："积善之家必有余庆。"如从事慈善事业般，庄发明父子致力于海岛的环境保护并代代相传，必将社会流芳。

彭亨州是西马来西亚最大州属，首府为关丹（Kuantan）。中国史籍《唐书》称彭亨为婆凤。彭亨自南宋已与中国福建通商。《诸蕃志·三佛齐国》将彭亨称作"蓬丰"。《岛夷志略》称彭亨作"彭坑"，"石崖周匝崎岖，远如平寨，田沃，谷稍登。气候半热。男女穿长衫，系单布捎；富贵女项带金圈数四；常人以五色硝珠为圈以束之。民煮海为盐。酿椰浆为酒，有酋长。地产黄熟香、头沉速、打白香、脑子、花锡、粗降真。贸易之货用诸色绢、阇婆布、铜铁器、漆瓷器、鼓、板之属"。《星槎胜览》称彭亨作"彭坑"。《郑和航海图》称彭亨为"彭杭"。

©伍尚铭

《东西洋考》称彭亨作“彭亨”。明朝永乐十年（1413年），郑和抵彭亨国。

关丹海南会馆会长伍尚铭先生、青年团团长符祥源先生曾于会馆内向笔者详细介绍海南籍人士于关丹的历史。伍尚铭先生对自1931年竣工的海南会馆建筑得以完好保留至今，满是自豪道：“关丹的海南会馆非常有特色，因为它是亚答木的建筑，历经风雨到现在已经有80多年的历史了，它也见证着关丹海南人的奋斗历程。早期的关丹海南会馆称作琼州会馆，后来才更名为海南会馆，不只是在关丹，马来西亚的海南会馆都是如此，而关丹的海南会馆历史已经有一百多年了，第一间关丹海南会馆在关丹埠前街靠近河岸一带。尽管我们是海外的华人，但是我们和家乡的联系仍然热络，也继承着海南人的习俗。同时，我们也希望能为中国和马来西亚的友好做出一份贡献。”

符祥源先生道：“提起关丹的历史，就不得不提起先辈黄亚养。黄亚养生于1867年，逝世于1925年，是海南定安县人。在他12岁的时候，为了生计不惜千辛万苦从中国海南岛远渡重洋来到关丹，在巴刹（市场）找到第一份工作，并在巴刹落脚。他就开始了一大早就起身干活，到了夜深人静的时候就睡在猪肉摊上的生活。因为当时的马来西亚是英国人的殖民地，英国人在这里开矿场。后来，矿场的经理

©关丹海南会馆

看到黄亚养很可怜，所以就把他带在身边，教他学英文。在黄亚养20岁的时候，矿场经理要回去英国，黄亚养到码头去送行，当船正要离开的时候，黄亚养发现矿场经理落下了一个皮箱，便追到河畔，向矿场经理大喊。矿场经理随即告知黄亚养，皮箱送给他。黄亚养回去后打开皮箱，里面全部都是现金。黄亚养就用这笔钱做起买卖橡胶和锡米等生意，后来他就成了关丹的巨富。黄亚养与彭亨的苏丹关系非常好，时常一同游览彭亨的名胜，出入皇宫就像是出入自己家一样。黄亚养也被苏丹封为拿督，也是当时彭亨的唯一一位华人拿督。因为他的正直、正义，后来他又被英皇乔治五世封赐为甲必丹。黄亚养共养育了12名孩子（8男4女），并在苏丹的同意下，将8名儿子分别以彭亨地区的地名取名。他无私地救济曾经受灾的马来人，为民族友好做出了贡献，如今，在关丹市区有一条以黄亚养命名的街道，就是Jalan Dato' Wong Ah Jang。"

◎符祥源

关丹天后宫主任孙基珉先生曾带领笔者前去依山而立的关丹天后宫，一览关丹城景道："海南人与天后宫的关系是密不可分的，就像是福建人信奉妈祖一样，我们海南人对天后圣母是十分虔诚的。马来西亚的海南会馆，几乎都带有一间天后宫。关丹的天后宫成立于1902年，早期称为琼州庙，面积比较小，后来改为天后宫，面积大了，逢年过节，不论是什么籍贯的人士都会到这里拜拜，以求平安顺利。"

◎孙基珉

林明（Sungai Lembing）位于彭亨州东部，"Sungai"为马来语"河"之意；"Lembing"为马来

©朱锦生

语“标枪、矛”之意。甫入小城，山峦重重争相迎，城中古树林立，步调缓缓感民风淳朴，闲适间，观山水，啖豆花。

惠州籍客家华人朱锦生向笔者分享其成长经历道：“我是在林明土生土长的，我今年已经80多岁了，在马来亚被日本侵占的时候，我的父亲朱金彝被日本人误杀了，当时我才六七岁，这是我的童年阴影。我所知道的林明历史，多数是从我母亲的口中听来的。林明的发展，主要得益于矿场的开发。在英国殖民时期，英国人到林明时，把这里的土壤抽样回去英国化验，发现这里的锡含量十分高，于是就在这里开办矿场，因为需要大量的劳工，就从中国输入。当时的矿工客家人占多数，但现在林明的华人也有广东籍、海南籍、福建籍和广西籍等。林明是彭亨生产锡矿最多的地方，仅次于玻利维亚，排名世界第二，在鼎盛的时候，林明的采矿劳工有3000多人。林明是一座山城，被山包围，水质非常好，风景也很美，山水林明。”

©关丹天后宫

风下之乡——沙巴州

中国与北婆罗洲（沙巴）的接触，最早可追溯至三国时代（211—280年）吴孙权遣宣化从事朱应与中郎康泰于226—231年南通南海各国之时。

婆罗洲又称婆利、婆罗、渤泥等。由中国明代张燮所撰之《东西洋考》有称，婆罗国王在15世纪初为福建人士，原随郑和下西洋而留居当地国，后为当地国苏丹。在欧洲人入侵前，北婆罗洲（包括今沙巴、文莱和砂捞越），全由文莱苏丹王室统治。自15世纪起，华人便聚居北婆罗洲，位于内陆那巴丹岸的巴丹岸（Batangan）之地与沿巴塔坦河（Sungai Batangan）岸边。多从事胡椒种植、采集燕窝和造船的工作。部分华人与当地马鲁族（Muruts）与维撒雅族（Visayas）的女子通婚，繁衍后代。

沙巴州、沙巴，首府亚庇（旧称哥打京那巴鲁，Kota Kinabalu，简称KK），位于加里曼丹岛（Kalimantan）东北部。沙巴州的华人移民最早为开垦劳工，在英国殖民政府所经营的大园丘里劳作，在未开发的山林荒野中艰苦从事开辟与种植，居住在荒野的亚答屋（Rumah Attap）内。部分华人经过数年的艰辛拼搏后，用积蓄向当地土人或政府购买土地，开垦种植，成为农场主人。部分华人于契约期满后离开乡村进入市镇从商，若资金充足，则开办小型杂货店、咖啡店或茶室等；若资金不足，便在市镇内打工，寻机会发展。华人于沙巴多密集居住在东马来西亚西海岸首府亚庇及邻近市镇，纳闽（Labuan）与古达（Kudat）两个港口城市亦是华人集中地。东马来西亚东海岸之华人则集中于山打根（Sandakan）及斗湖（Tawau）。

马来西亚不受台风之影响。有趣的是，中国南海的台风路径恰好止于沙巴以北。航海的海员们抵沙巴躲避台风，故称当地为“风下之地”“风下之乡”。沙巴的海总让人流连忘返、印象极佳。幽蓝色的海和五光十色的海洋生物引人注目，优美的风光使人如驻梦境，慢听海浪一重一轻地拍打海岸，闲看浪花一朵接一朵地绽开，满天繁星点缀夜空，海风轻拂，舒适、安逸。静静地，看天际间光影转换；夜幕降，摘得星辰满袖而归。

最早期的北婆罗洲是辽阔荒野，一望无际的原始森林，古木参天，充满神秘感和种种严峻的挑战，使人望而生畏。

1881年英国北婆罗洲渣打公司开始统治被称为北婆罗洲的沙巴。其广泛招募劳工，旨在开发荒土。1882年始，巴色宣教会引介客家难民移民垦殖北婆罗洲，便是第一波移民工程。

1913年，北婆罗洲政府于北京同中国政府签约，更大型招募华人垦民的移民工程正式拉开序幕。第一批华人移民于1913年3月抵达，共22户，分别派往夏南南（Inanam）及孟家达（Menggatal）垦殖。另一批华人移民于1914年被派往打里卜（Telipok）拓荒。

沙巴州绝大部分客家人来自中国广东省，广东沿海的客家移民在广州或汕头港口搭船前往香港。广东省北部接壤福建省的移民需先搭乘梅江、东江的小船抵达广州与汕头再转乘船至香港。随后从香港乘坐租赁轮船，远渡重洋达北婆罗洲，故客家垦民移民的“海外窗口”为香港。当移民们抵达香港获得船票并安排船期后，于码头乘船出海。以北婆罗洲为目的地的移民们须先抵达中转站古达，而后前往山打根或亚庇。

北婆罗洲政府招募华人垦殖民以客家农民为主，并规定土地政策，要求垦民种植长期经济作物。在橡胶普及之前，客家垦民经营椰子园。后橡胶种植业兴起之际，大部分客家垦民开始种植橡胶，并造就不少客家企业家。客家农民深入茂密的森林中，不畏艰险辟天地，为北婆罗洲的经济发展及现代化贡献良多，尤其在农业方面，客家人贡献至巨。

客家妇女在北婆罗洲的发展中，扮演着积极和正面的角色。客家人刻苦耐劳、勤劳勇敢等的优良品质，皆由生活环境及习惯等慢慢养成。早期沙巴有不少船民为客家妇女，一部分在京那巴丹岸河（Sungai Kinabatangan）经营船运，其熟悉航运与中国广东梅江、东江是客家腹地的运输主流不无关系。

一面挑担载货，一面背着孩子的形象是英国殖民北婆罗洲时期客家妇女的真实写照。北婆罗洲政府的许多官方记录、报告文献等皆承认客家妇女为国家的发展做出不小贡献。客家妇女可谓“入得厨房，出得厅堂，亦下得田园，纵横市场”。

一名亚庇华人谈及故乡：“我的祖先来自中国广东，我是新安人（宝安人，深圳旧称宝安县、新安县），沙巴有很多客家人，口音都一样。家里的长辈没有说过家乡具体在哪一个地方，只知道是来自广东。但我最近知道了我祖先来自新安。因为在扫墓时，我留意到父亲墓碑上刻有广东宝安，其余很多墓碑都刻有新安两个字。通过询问才知道新安就是深圳，所以我以后会告诉我的下一代，祖先是来自中国广东深圳。”听罢，笔者百感交集。身为深圳客家人，能于异国他乡遇同根同源的同胞，并以家乡话交流，此种欢欣喜悦和真情流露非语言能述。

笔者猜想，或由于当时南下北婆罗洲的货船在香港搭乘，深圳与香港的距离十分近，比起广东其余地区有地缘优势，省去转乘的不便，深圳移民人数则多。加之当时中国社会贫穷困苦，故有许多深圳人越洋打拼。有趣的是，今沙巴当地的福建籍、海南籍、潮州籍华人，原住民等可用深圳客家话交流。

在亚庇客家公会妇女组主席萧瑞兰女士、执行秘书曾健志先生的带领下，笔者有幸参观沙巴客家大厦以及客家文物馆。萧女士分享早期深圳人下南洋的轶事道：“以前我的阿婆坐船下南洋的时候，如果船在航行的时候遇到大风大浪，整艘船摇晃的时候，先辈们会将米、盐、茶叶等东西撒下大海，一下子就会风平浪静，顺顺利利地就抵达了。在沙巴落脚之后，如果天气突然变得狂风骤雨，先辈们就会用一个杯，在杯里面混合米、盐、茶叶等东西，向住家的外面撒去，不久后就会雨过天晴。听我阿婆说这是以前的人教下的规矩，我们都不知道什么原因，但是她们也会

◎萧瑞兰

照做。” 萧女士、曾先生祖籍皆为广东深圳，虽历经数代，但其客家话与深圳客家话并无差别，一时间，同乡之情溢于言表。此行不负遇同乡，无需言，自相知。一面之见或际会，若旧时，怎忍热泪写两行？始即日，需当约期勿以忘。感自身，客家情谊系心上。

温馨沙巴客家乡
山明水秀好地方
乡民善良又勤俭
安居乐业万年昌

——萧瑞兰

贺沙巴客家文物馆成立

山打根，亦称仙那港，位于沙巴州东海岸。在英国殖民马来亚时期，许多香港人士被派往山打根参与建设，填海、建房子、做生意等，故山打根有“小香港”之称。

一名当地年长华人道：“山打根在20世纪70年代很热闹的，香港人都来这里做生意、搞建设，到了晚上灯火通明，歌舞升平，台湾、香港的明星、歌星都到这里登台演唱，非常热闹，很旺，很繁华。现在铺头还在，却没有人了，整个城市像一座空城一样。空城变得很安静，没有什么娱乐。”

山打根一如其名，城中多山及盘山路。南下南洋的客家移民皆定居于山上，一是便于务农，多从事种植蔬菜、水果，养殖禽类等；二是山打根本为山城，少有平地。今普济寺所在山域皆为客家人聚居地，而客家群体中以深圳籍贯为多，叶姓、沈姓为主。一名华人老者道："当时我们深圳客家人都居住在山里面，那就是一个山村，非常热闹，有小学、小集市、小卖铺等。我们的生活基本能够自给自足。慢慢地，参与建设的香港人陆陆续续回国，加上华人地产商开发出另一个新村，住在山上的客家华人也搬出大山，搬进新开的新村，就像是现在新的市中心英达镇。老一辈华人不在的不在，新一代华人搬走的搬走，现在山上的旧屋都卖给了或者租给印度尼西亚人、当地原住民等，因为这里靠近印度尼西亚东加里曼丹省。他们在这里种蔬菜、水果。"

一名山打根渔船街华人道："现在石咀区一带（渔船街旁）在开发之前，其实是海洋，填海之后香港人就在那里建起房屋。以前的海岸线大约在靠近石咀区马路的位置那里，山脚边与海岸隔得非常近。现在的渔船街就是历史悠久的水上人家村落。我们渔船街的先辈们以打鱼为生，生活起居都在船上。在20世纪50年代，英国殖民者觉得水上人家的生活方式很不安全，如果有大风大浪，一定会出事故，所以要求我们在岸边建造房屋居住。渔船街的水上木屋就是这样来的。"渔船街就像是移民村那样居住着籍贯不同、姓氏不同的华人渔民和他们后代，有香港籍、番禺籍、中山籍、新安籍等。现在渔船街除了有做生意的华人居住外，大多数的华人都搬离了，他们纷纷把水上木屋卖给或者租给当地原住民、菲律宾人、印度尼西亚人等。老一辈的华人渔民都不会再亲自出海打鱼，而是买下渔船然后请菲律宾人、印度尼西亚人来做工。渔船街的水上木屋原本有七排，后来就经历很多次火灾，木屋的数量就减少了。加上建造木屋的木材价格昂贵，安全隐患大，华人渔民宁愿选择搬出去。目前渔船街里面除了有饮食档之外，还有制作虾饼和咸鱼的手工作坊。

屹立半山，坚守华文百年

“由于政府对华文教育持中立态度，华文学校得以开办并且延续，比起印度尼西亚的华文教育，这里的华人是幸运的。”马来西亚的华文教育工作者言道。

马来西亚沙巴州山打根的一间华文学校让笔者记忆深刻。当车行驶过盘山的公路时，沿路边的“山里人家”已是炊烟袅袅，一旁的“培英小学”牌匾引人注目，向牌匾后方的大斜坡驶去便是培英小学的校舍。

培英小学原名华侨小学，建立于1920年，由先贤刘肇槐发起，联合华人志士以及社会热心教育人士，出钱出力，同心协力，几经波折终创立了当时的华侨小学，使本地子弟就读有所。初期就读人数仅有30余名，往后学生人数逐年增加。1922年，校务基本步入轨道，学生总数百余名。

第二次世界大战时期，华侨小学不幸毁于战火，并于1943年至1944年被迫停办。战后，当地华人为使下一代继续接受教育，决定发起复兴计划，于现山打根白沙岗地段建起简陋校舍。得益于教务人员辛勤耕耘，学校建树良多。后于1960年间迁回原校址建校，现已发展成为一间设备较为完善的现代化华文小学。

培英小学背山面海，清净舒适。笔者参观时，只听书声琅琅，值日的学生相互协作打扫卫生，学生们见笔者时点头道“早安”。时任校长黄淑真女士是培英小学第十五任校长，祖籍中国广东省河源龙川县，出生、成长于山打根，是第二代客家华人。初见黄校长时，从她那双炯炯有神的眼睛，笔者可以读出她对教育事业的那份坚定。黄校长是科班出身的教育工作者，从事华文教育事业数十年，今依然积极投身于一线教育，与教职工们一同教育学生。

©黄淑真

关于为何培英小学会建于半山，黄校长解释道："先辈们从中国到达山打根时地形是山地居多，而先辈们又是以客家人居多，客家人善于务农、畜牧，所以定居在山地，方便种植蔬菜、水果，圈养禽类等。当时定居于山地的华人比较多，所以学校创办于居住集中地。现在大多数华人已搬往地势平坦的'新村'，不再在山地居住，旧房子多数售予或出租给当地原住民人士，培英小学也有一部分非华人的学生学习，他们和华人学生一起学习华语。马来西亚的教育以马来语为主，华文小学也不例外，必须学习马来语，加上英文为固定课程，所以华文小学的学生基本掌握三种语言，语言优势就是这样来的。"

对于中国，黄校长感慨道："中国人那股坚持不懈、坚忍不拔的精神，还有团结的精神影响着我。当地的华人继承了中国人的优秀品质，尤其是在办华文小学这方面，先贤们一直以来都不肯放弃，尽管历经战争等困难。在我而言，就算学生越来越少，华人学生数量越来越少，我们还是坚持要办学，就算是没有华人学生我们一样办学。正所谓有教无类，无论你是什么种族，来学习华文，我们都会教，就算不是华人，学会华文一样可以传承下去，这样子华文就不会断。就像是中华文明五千年从未中断过，把华文一直传承下去，是我的使命，因为我是中华儿女！"这是一位华人对自己的母语、对自己的文化、对自己的民族极为真挚的热爱。

站于校园空地环顾，笔者感叹此座立于半山的百年老校，对华文忠诚百年不变，向一代又一代学生讲述中华灿烂的语言文化。

麒麟一舞，喜庆满堂

麒麟舞结合武术的精髓，是客家武术文化的瑰宝。客家先民为保卫家园、捍卫田地，故有习武之传统。在早期的中国客家地区，武术是普遍爱好，尤其在农历新年，习武者皆乐于献技娱乐或相互观摩切磋，故客家舞麒麟舞会如此生动。麒麟舞伴奏以锣鼓加唢呐，是客家人从中国北方往南迁之见证，也是世代相传的艺术文化。

在沙巴州山打根，一座向海背山，安静清幽的包公庙引人注目。庙内年长的管理者解释道，寺庙以主神像作为区分，若主神供奉妈祖，则为妈祖庙；若主神供奉关公，则为关公庙。而本寺庙的主神是包青天，则称作包公庙，而包公庙为较少见的寺庙，独具意义。前来祭拜的信众从事各行各业，不少华人律师及公职人员也慕名而来。寺庙外楹联皆与法律、正义有关。

包公庙传承华族文化继承华族优良精神，引导人们向善向好。此外，包公庙亦有一个出色、出彩的龙狮团——山打根包公庙公会龙狮团，旨在将传统中华文化中的舞龙舞狮发扬光大，再创新绩。

舞龙舞狮主要于农历新年、店铺开张等日子表演。舞龙舞狮的表演实为两部分，在空旷地先进行舞龙表演，需十几个团员共同撑起长龙，另一个团员举起龙珠，长龙随龙珠摆，珠入宅内龙随游，珠出祥宅龙降福。随后的舞狮则是力与美、曲与舞的完美结合。做工精致的狮头显得格外醒目，闪亮的大狮眼传递着吉祥的寓

◎山打根包公庙公会龙狮团

意。灵活、多变的麒麟形象及状态，配合着振奋高亢的曲调，以娴熟的步伐不停地舞动、变化姿势。一时腾空高飞，一时低着摇头、摆尾，精彩万分。

包公庙公会龙狮团以客家话作为主要交流语言，团员多为华裔，且有不少女孩子。年龄跨度大，从小学至高中，亦不乏社会人士。负责敲锣打鼓的团员多为小学生，其不仅敲锣有力，且能熟记曲调、节拍，少有差错，为表演增添光彩。

谈及舞龙舞狮的传承和发扬，包公庙公会龙狮团负责人坦言，非易事。与中国舞龙舞狮面临的问题相同，老一辈高手渐渐老去，新一辈人不愿将时间、精力投入于舞龙舞狮的学习、练习，许多华人家长也不支持孩子练习舞龙舞狮。山打根的舞龙舞狮团数量不少，每个团都需要“新血”，于是让团员带动身边人加入舞龙舞狮的学习和练习。当中有家长反对的案例，龙狮团的负责人便向家长进行解释和劝说。因人数不足，舞龙舞狮团招募了少部分原住民孩子，他们父母反倒支持。

一个男团员说：“我在读初中，我父母支持我学习舞龙舞狮，他们觉得这些文化要传承下去，我也喜欢舞龙舞狮，所以我就进入了龙狮团。龙狮团的训练时间是晚上，我放学后就先把功课做完，六点多就去练习舞龙舞狮，一直到将近十点结束。几乎每天都训练，我不会觉得累，因为我是在做我喜欢的事情。”

一个女团员说：“我在读中学，我来舞龙舞狮是因为我喜欢，这些是传统文化，我觉得要保留好它，如果个个都不学，那就没有人会了。我爸爸妈妈一开始很反对我学习舞龙舞狮，觉得浪费时间。但是我一直坚持来学，来练习，他们最后就同意了。”

舞龙舞狮是华人庆祝农历新年的重要形式，马来西亚当地的舞龙舞狮的表演者不仅有华人，还有印度裔人、原住民等。山打根当地原住民喜爱华族庆祝农历新年的方式，尤其是舞龙舞狮，那激昂有力的敲锣打鼓声、富有节奏的乐调，将传统新年的喜庆展现得淋漓尽致。

笔者曾向当地原住民介绍舞龙舞狮为中国传统文化，其却回应道：“这些文化是我们当地的文化之一，我们称这些文化为‘Mandarin’（中华文化）。”此发自内心之认同感，源自文化包容及融合。

幸会！砂捞越

古晋为东马来西亚历史最悠久的城市，亦是砂捞越州的首府。“Kuching”为马来语“猫”之意，故古晋别称“猫城”。古晋位于砂捞越州西部，马来人和华人分住于砂捞越河（Sungai Sarawak）两岸，砂捞越河南岸是旧市中心，留存有许多古建筑，居者多为华人，多数华人为客家河婆人。砂捞越河北岸是市中心，以马来人居多。除砂捞越河外，还有许多小河分布于此城，城内小船穿行，故有“水上之都”的美名。

1841年前华人数量少，自1850年后华人在砂捞越的移民过程大致可分为四个时期。第一个时期为1850—1870年，大批客家人从荷兰殖民的西婆罗州三发、坤甸等地避难进入砂捞越的石隆门（Bau），从事种植及开采金矿；第二个时期为1870—1889年，劳工源自新加坡移入；第三个时期为1900—1914年，因福州、广东等地集体性移民进入，大大增加了砂捞越华人数量；第四个时期为1935—1939年，约有19 000名华人由福建、广东两省直接移入。

海唇街（Main Bazaar）历史悠久，依砂捞越河河畔而建。在拉惹统治时期，海唇街是主要经济、商业活动中心，从业者为华族商家。

亚答街（Carperter Street）又称“木匠街”（Carpenter Street），历史仅次于海唇街，为早期华人聚集地。当地早期的房子以亚答（Atap）叶作为盖顶。在拉惹统治时期，亚答街之店铺以木匠店为主，制作木料家私。此外，亚答街拥有许多

◎古晋亚答街

古老神庙，其中三座百年古庙是上帝庙、凤山寺和天后宫。三座古庙于此街之上、中、下，各处一方，且属不同籍贯之华族。分别为福建人之广泽尊王（凤山寺）、潮州人之玄天上帝（上帝庙）及海南人之圣母娘娘（妈祖）（天后宫）。三座古庙之建立背景可溯源至福建人、潮州人及海南人于1884年或更早便在此街聚居。

中国街与大井巷一带为中国人初至南洋时于古晋之落脚地，但新抵的中国人因无法适应炎热天气，易患暑症，部分人更因中暑或水土不服而客死异乡。故拉惹政府于古晋开设了三口大井，规定新番客（初到者）必须每日清晨在大井边冲凉，以除暑气。

诗巫（Sibu）位于沙捞越州拉让江（Sungai Rajang）和伊干江（Sungai Igan）之交汇处。传说当年有天鹅南来过冬，故诗巫也称作“天鹅之城”“鹅城”。因诗巫华人大多来自中国福建福州，故诗巫有“小福州”之称。被誉为“诗巫上岸第一位华人”（港主）的黄乃裳是中国福建福州闽清六都湖峰（今坂东镇湖头村）人，是中国清末民初的华侨领袖、民主革命家、教育家。黄乃裳是基督徒，也是著名侨领。

当黄乃裳听闻拉惹查尔士布律克有意邀请华籍农民到砂捞越母亲河（今马来西

亚最长的河流）——拉让江地段开发时，便于1900年抵拉让江江域考察。后黄乃裳至古晋会见拉惹，并获准招员1000名成年男女和300名儿童，后又招募更多福州籍人士。诗巫福州族群人士仍遵循着福州一带习俗，如农历新年初一食用鸡汤寿面以图长长久久，长寿之意。

1901年黄乃裳率领一批中国福州籍人士在双溪新珠安（Sungai Merah）登陆，并在肥沃的拉让江盆地垦荒务农，奠定了诗巫经济发展的根基，其最初以新珠安巴刹（市集）为中心定居。1958年，砂捞越诗巫市命名一条新街为黄乃裳路（JL. Wong Nai Siong）。

光饼（Kong Pian）是中国福建福州的传统饼食，诗巫以福州籍华人居多，故福州光饼于此得以改良及传承。诗巫众多饼店（前门市和后作坊）售卖光饼，由于做法、技艺、材料等不同，光饼的味道也不尽相同。今光饼饼家多用电烤炉烤饼，沿用炭烤光饼技艺的饼家仅存数家。用电烤炉制成的光饼与面包差异不大，而炭烤过的光饼表皮酥脆，内部柔软有韧性，淡淡面粉香散发的是传统味道，每片光饼和征东饼出炉的背后都有饼家人为生活奋斗的故事。

◎光饼

“我们是没有悠久历史的饼店，相当于半路出家，光饼好不好吃，是看个人口味。每一家光饼的味道都有差别。我们每天凌晨四点起身做饼，为了在六点开铺前完成第一炉光饼，这些饼全部靠手工制作，容不得懒惰，我不大愿意让我的孩子继承饼店，因为太辛苦了。”裕昌饼家

©林乃庄

（Jasson Bakery）负责人许美玲言道。

林乃庄则言：“我是福州人，学做光饼，也算是继承一门手艺。我的孩子们还在读书，如果他们当中谁有兴趣学习做光饼，我一定教他，我的手艺当然希望有人能传下去。学做光饼让他们知道自己的‘根’在中国福州。现在饼店里的生产器材多数从中国进口而来，这里没有，这也是正常的事，因为光饼就是来自中国。”

祖籍福州的林乃庄与许美玲夫妇早年随兄长学习制作光饼手艺，后创办裕昌饼家。裕昌饼家为保证和传承光饼酥脆的口感，创店之时特地定制烘炉，每日无数次地将面团贴向炉壁，掌控时间，不畏高温，眼明手快，方得香、脆、韧之光饼。

在诗巫中央市集（Pasar Sentral Sibu）附近马克路巷弄的昇记饼家营业至今已逾半个世纪，今已“交棒”至第三代。第二代饼店负责人陈俍华与太太李葵妃每日清晨四点开始忙碌，六点多开门营业。其小心翼翼、专心致志地守护着老父亲传下的福州手艺和传统店铺，容不得半点疏忽。

这间右边门店，左边作坊的老饼店，由一座旧式四方烘炉“打头阵”，烘炉后方是制饼的不锈钢大案台，摆放着一摞又一摞正在发酵的大面团。为应对晨起的顾客，赶制光饼的陈俍华一家显得繁忙且有序。将仅用盐、面粉、水混合的大面团静置发酵，充分发酵后的大面团被切成长条状，再被揪成一个个大小相若的小面团，木棍擀过呈扁圆状，加水湿润其表面并洒上芝麻。接着快速放入预热后的特制烘炉，使其紧贴炉壁。大约十分钟后，光饼便可出炉。因光饼制作全在手工，故每日售卖的数量有限。

陈俍华表示，现今的光饼分为无馅光饼和有馅光饼，并增添了新元素。例如，

©陈俍华与李葵妃

在光饼内部包入花生馅、豆沙馅、咖椰酱，夹入猪肉馅等，口味丰富。除华人外，当地原住民人也会购买光饼。制作光饼实在辛苦，旧时不少老店因无人继承，纷纷关门停业。

由于陈俍华保持饼食质量，专注口感，久而久之昇记饼家的名声渐传，引来不少当地原住民、马来人等光顾。伊班人过达雅节时，会购买光饼和征东饼夹烧肉食用；马来人过开斋节时则用光饼沾咖喱汁品尝，可见光饼已成为中国与当地民族融合的食物代表之一。

昇记饼家是众多诗巫光饼店的缩影，光饼制作者们用双手将福州文化继续发扬下去。制作光饼，不同的是口味和口感，相同的是一家人亲力亲为地打理饼店，其传承的不仅仅是手艺，更是一家人同心协力、共同打拼的精神。

位于新珠安巴刹不远处的南美饼家由中国南下诗巫的福州人钱理平于1945年创立，起初饼店仅是简陋的亚答屋。第二代接班人钱学明出生于1947年，10岁时跟随父亲学手艺，制作寿面、光饼、礼饼、面包等。每日凌晨三点开始学习寿面的制法，天亮后父亲便带他到茶室喝浓咖啡。长此以往，钱学明养成了每日必喝咖啡的习惯，这也成为其怀念父亲的深刻记忆。

接手饼家后，钱学明与妻子林云瑰同心经营，依靠饼店的收入养育一家人。父亲过世后，恰巧饼铺租期届满，店主不愿续租，钱学明与妻子以微薄的收入以及银行贷款购置了一间店铺，从开业时的亚答屋到木板屋再到现今的钢筋水泥屋，两人一步一脚印，力保父亲留传下来的手艺和老招牌不失。

“我现在年纪大，体力有限，不得不放弃制作传统的福州礼饼和寿面，传统的福州礼饼原材料有肥猪肉、红枣、冬瓜糖以及黑芝麻等，现在已经没有精力去制作了，专做光饼、征东饼和面包。我的孩子们没有人愿意接手，觉得太辛苦，外面的人想学，但却心有余而力不足，我也无能为力。有我和我太太在的一天，饼铺还是要继续开下去，直到做不动为止。”钱学明无奈道。

◎南美饼家

南美饼家亦有一座烘炉，今已尘封。对于使用烘炉制作光饼，钱学明回忆起旧时制饼的时光：“以前我们是用这种炉来烤饼。烘炉是用中国的那种大瓮缸制作，烘炉的上部开口大于下部是因为把大瓮缸倒置后，用铁锤慢慢地凿开底部，这样面积就大了，也比较聚热。现在所说的炭烤，使用的木炭和以前使用的不同。现在的木炭是用木碎、木屑等集合而成，所以它中间会有洞，而我们以前用的木炭都是‘马九柴’（红树，Kayu Bakau），烤出的光饼口感更好，还带有柴火香气，现在几乎绝迹了。”

有关光饼和征东饼的历史，钱学明拿起光饼向笔者直述：“中国明朝时期，日本人侵犯福建，抢劫掠夺奸杀百姓，人民的生命财产遭到严重损失，破坏人民正常的生活和生产秩序。明朝将军戚继光带部队到福建沿海抵抗侵略者。为了配合急行军的需要，部队经常需要边行军边吃饭。干粮是最好的选择，普通的糕饼却携带不方便。戚继光就想到用面粉和盐，加水烤制，中间打一个小孔的饼来作为行军的干粮。行军的时候，可以用绳子穿过饼中间的小孔，一串串地挂在腰间、胸前，在行军或打仗中饥饿时可以取食，非常方便。这种饼后来就在民间流传开，人们为了纪念戚继光将军的功绩，称这种饼为‘光饼’。”

征东饼实为另一类光饼，体积较光饼大，制作方法与光饼相同，仅将盐改为糖。此饼为纪念戚继光将军东征杀倭寇的壮举，故名为“征东饼”。征东饼与光饼皆“饼中带孔”、轻巧便携，可用绳串挂于身上充当干粮。征东饼广泛传入民间后，福州百姓便将其作为祭祀神灵、祖先的必备供品。

祖先的迁徙，造就了一代又一代后辈在此生长、延续。留存下的习俗与饮食文化正被一代代人所知晓，福州光饼亦如此。中华民族英雄戚继光将军东征杀倭寇的故事被一块块征东饼、光饼带到了南洋地区。征东饼响亮而有气势的名字仿佛向世人宣告华夏儿女那以国家民族大义为己任、自强不息、百折不挠、英勇顽强的民族气节。

早期来自新加坡和沙巴的海南人士抵达砂捞越诗巫大约于1900年，即黄乃裳率福州同乡垦荒后数年。在1884年古晋一场大火后，海南人便将位于亚答街的天后庙重建，可得出海南人自1884年或更早之时已南下。据记载，当时诗巫的海南人并非集体而是在不同年间、地区（新加坡、文莱、沙巴等）由其亲属带领南下。

琼州人下南洋的原因需具体至不同时期。1842年至1857年，中国解除海禁。随着东南亚英国、荷兰殖民地的锡矿业与胶业急速发展，需大量廉价劳动力，英国人、荷兰人通过代理人到中国招募劳工，甚至采取拐骗的手段，把华族劳工当“猪仔”贩运至南洋地区。太平天国失败后亦有成员逃亡至南洋。加之随后爆发的甲午中日战争（1894—1898年）等，皆导致琼州人大量出国。

早期东南亚地区的华人有一大特色，即同一方言群往往从事相同行业。如砂捞越古晋的闽南人经营杂货和土产出口；潮州人是杂货、布料及日常用品零售商；客家人仍以农耕为主等。这类特色与早期华族社会结构中的帮派主义有着密切的关系。早年移民南下多由乡亲互相携带，后来者依靠先移民者照顾，因彼此间语言与生活习俗相同。雇用方式亦如此，华人商铺多雇用亲人或同乡，较少雇用社会人士。

泗里街省（Sarikei）是砂捞越州的农业重省，最早于1973年4月2日升格为省，时称第六省（2002年3月1日再改称泗里街省），原隶属于诗巫省（第三省），由泗里街县（Sarikei）、马拉端县（Meradong）、如楼县（Julau）和巴干县（Pakan）组成。位于拉让江流域的泗里街盛产胡椒，曾以“胡椒王国”闻名海内外，当地也以黄梨（菠萝）著名。

19世纪中期，闽、粤籍华人便抵达泗里街。1864年，时年十岁的中国福建省漳州海澄县人林先慎随乡亲抵此，并自建亚答屋与马来人为邻，以种植蔬菜，养鸡、鸭为生。后来从事建筑材料生意，并与新加坡商人开展进出口贸易。据泗里街学者考察证实，林先慎为泗里街最早创业之华人。

旧时泗里街镇、乡之间皆以船运，交通依靠河流。1923年，福州籍人士黄永岳发起开拓从市镇至二哩半（当地地名）第一段芦勃路，当时其他乡区仅是树胶园小径。二哩、三哩、四哩等是老一辈华人对当地方位的称呼，因旧时无正规的命名道路，便以距离命名，众人熟知后沿用至今，故马来西亚华人称地理位置多是如此。

萧亚坤路（Jalan Siaw Ah khoon）是泗里街一条以华人先贤命名的道路，此路彰显了华人为泗里街的经济、文化、社会发展所做出的贡献及群众对先贤的肯定。萧亚坤出生于1887年，中国福建省厦门人，自中国南下时居住于古晋，任职于当地政府部门。1920年，他获调职至泗里街县公任财政司一职。萧亚坤也是一名杰出的华人公务员，拥有当时极少数人能取得的剑桥高级英文文凭，备受政府部门重视。尽管公务繁忙，但仍热心帮助当地华人处理接纳中国的移民亲属的事务。不仅如此，萧亚坤积极推动当地的华文教育，成为当地华文学校——广建学校的创校人之一。

早期从中国广东抵达泗里街的广府人除部分经商外，大多是沿着泗里街两旁的河而上，集居于两河岸旁。距泗里街20千米的劳塞坡（Sg. Rusa）较多广府人集居。“劳塞”伊班人称“鹿”，也许早期该地多有鹿出没。劳塞坡又名“新临潮”，因当时南下的中国人多来自广东省新会临潮。广东新会临潮的居民多数为林氏、陈氏，故居住在劳塞坡的华人也大部分为林、陈姓人士。除劳塞坡外，另一处近义朗河往返地基塞坡，也是较多广府人落脚之地。居住于当地的广府人以翁姓为主，来自广东新会良德冲乡。

马来西亚政府尊重州属“各州为政”。以华人官职为例，沙巴州保留有华人甲必丹，砂捞越州保留有天猛公（Temenggung）、本曼查（Pamanca）、本固鲁（Penghulu）、甲必丹等。

诗华日报泗里街办事处编辑王振光先生、泗里街县本固鲁范长庚先生、泗里街县甲必丹詹惠晶女士曾与笔者会面座谈。

王编辑向笔者介绍道，砂捞越州政府通过委任当地（省、市、县、乡）人品优良、社会经验丰富等的专业人士作为当地族群领袖，从而达到权力下放、管理高效、便民利民的治理效果。因砂捞越州多民族，人口结构复杂，州政府难集中管理，便在每一个族群中设立“阶梯级”官职，实行“自己人管理自己人”的管理方式。这些官职按大小排列，以泗里街省华人社区领袖为例，目前分别有天猛公（一省一位）、本曼查（一县一位）、本固鲁（一县四位）、甲必丹（多位）等。一级管一级，辖区内事务层层上报。

本固鲁范长庚先生祖籍福建福州闽清县，1954年出生于砂捞越州，是南迁第三代华人，原是诗华日报泗里街办事处资深记者，任职新闻行业超过30年。退休后便被推选为泗里街县本固鲁，担任此职至今。

谈论起华人本固鲁一职，范先生讲述道：“这些官职始于20世纪70年代，我们华人领袖主要是处理华人社区内部的事情，比如一些华人家庭经济有困难，想要得到政府资助，就需要通过甲必丹或者本固鲁等做证明人。遇到有华人与华人的各

◎左起王振光、范长庚、詹惠晶

类纠纷，华人领袖也需做调解者。总而言之，我们的工作就是全心全意服务当地华人。当然，社区领袖还有更重要的职责，便是将政府实行的政策讯息传达给人民，并向其讲解。同时，也要向政府与人民代议士（民选议员）反映民生问题，共同商讨解决方法。社区领袖是沟通政府与人民之间的桥梁，故华人领袖们扮演的角色非常重要。"

在泗里街落地生根的一部分华人从事胡椒种植业、经营传统饮食店，另一部分则与当地原住民伊班人通婚，他们的后代展示着华族与伊班族之交融。此种种，皆为华人移民生活的鲜活历史。其于当地扎根百年，历经各类考验，坚守着先辈事业，为经济、文化、社会贡献良多，永不言弃。

点滴马来西亚

2018年5月9日，笔者于马六甲见证马来西亚大选。选举由时任总理纳吉布（Najib，65岁）和前总理马哈蒂尔（92岁）竞逐总理之位。2018年5月10日，马来西亚选举委员会公布计票结果，前总理马哈蒂尔赢得国会下议院过半数席位，获得组阁权。笔者非常荣幸，于马六甲，身在历史，见证历史。

笔者已于马来西亚度过数次农历新年，气氛不亚于或更甚于中国。舞麒麟、放炮仗、包利是（红包）、贴对联、相互恭贺等，熟悉之感让人仿佛置身中国。华人、马来人、印度裔人相互拜年，店铺门前贴有“新年快乐”“恭喜发财”的红纸，门沿两边贴有对联，加之大型商场内表演麒麟舞，马来西亚各族人、欧洲人、美洲人等齐齐围观，好不热闹。族群间和谐共处，极大程度地为马来西亚提供社会稳定的保障。跨越族群的隔阂，分享彼此节日的喜悦，难能可贵的和谐，是此国度独特的美。

马来西亚新春大团拜是各族人民庆祝华人传统新年的一项重大活动，旨在促进各族人民相互包容与团结，提倡新马来西亚精神，促进种族交流，宣扬佳节的传统与文化。

2017年2月12日，时任首相拿督斯里纳吉布在彭亨州文冬广场出席“2017年马来西亚华人新春大团拜”活动时呼吁国人相互尊重，助力国家继续繁荣发展。拿督斯里纳吉布指出：“全世界的宗教都提倡和平，尽管宗教不同，但中庸是各宗教的核心价值，包括佛教也大力提倡中庸理念。我国如今能有各族人民和谐相处地生活，是因为大家都遵守开国元老们所制定的政策和宪法。只要马来西亚人民遵守国家原则，马来西亚将继续成为一个中庸、和谐的国家。”

2018年，时任总理拿督斯里纳吉布在马来西亚国家电视台拍摄的一档华人新年宣传片，让人记忆犹新。纳吉布身穿红色唐装，带领着一群小朋友以及马来人、华人、印度裔人，在具有中国风的红色背景布置下，用“马来式”的华语恭祝国民：“恭喜发财！”

2019年2月17日，农历正月十三，时任总理敦马哈蒂尔·穆罕默德及夫人参加在森美兰州芙蓉新城Centrio广场举办的“2019年华人农历新年全国大团拜”，热闹庆祝的场景让笔者记忆深刻。以马哈蒂尔为首的马来西亚国家政要们身着唐装，女士们身穿旗袍，一同向全体国民拜年。当晚的表演不仅有中国歌曲的献唱（华语与粤语），还有廿四节令鼓的表演等，马哈蒂尔和夫人也上台与表演者们同击大鼓，颇具气势、架势。不可或缺的舞龙舞狮表演舞得现场喜气洋洋，马哈蒂尔为麒麟“点睛”后，群龙起舞精彩万分。

冬至节又称“冬节”“长至节”等，是中华民族的传统节日。在中国古代民间有“冬至大如年”之说，冬至是二十四个节气中的第一个节气，有“冬至一阳生”之讲，即从冬至始，阳气慢慢回升。糯米味甘、性温，用糯米粉制成的汤圆，具有健脾暖胃、补中益气、起御寒、补益之作用，适宜在中国寒冷的冬季进食。处热带的马来西亚、新加坡、印度尼西亚依旧有过冬至节的习俗，当地华人以吃汤圆作为过节的形式。

华人沿袭中国习俗过冬至之因，一是旧时农民们庆祝一年到头辛勤耕作后的丰收时刻；二是有关阴阳学原理，冬至过后黑夜渐短，白昼渐长，为大吉大喜之兆。华人家庭视冬至节为阖家团聚之日，全家人共同制作、享用汤圆。汤圆用糯米粉加入食用色素后，或包馅或无馅，或大或小皆随意，取团圆好意头。当地华人亦认为，冬至过后是新年之始，食用汤圆寓添岁。

汉族民间相传，农历正月初九（年初九）是“天公”（玉皇大帝、玉帝）的生日即“玉皇诞”，闽南地区俗称“天公生”。中国古代神话传说中，玉皇大帝是特殊的天神、众神之首。槟城福建籍华人尤为重视天公诞，为纪念先人为避追杀，在农历新年（农历正月初九）躲进甘蔗园避难，从而脱离险境之事迹。故后人在天公诞日用甘蔗拜天公，答谢天公过去一年的保佑，也祈求天公在新的一年继续赐福，合家平安，步步高升。

大伯公庙是华人族群一脉相承的传统信仰，华裔视大伯公和拿督公为土地神。常言道，一方水土养一方人。因地制宜是华夏民族的生存智慧，故华人祭拜当地的神，祈祷家宅平安、风调雨顺。大伯公为东南亚地区的民间信仰，其源流有两则说法，一是大伯公为中国南传的土地神，即福德正神；二是大伯公为本土杰出人物、有贡献之人，逝后升格为神。

◎槟城大伯公像

农历正月二十是客家华人庆祝“天穿节”之日，亦称“过小年”。有“过完‘天穿日’才算过完新年”之俗。当天客家人不劳作，为准备年糕拜神“补天”，因年糕由糯米制成，带黏性，故象征女娲娘娘的五彩石，修补天空漏洞。客家华人认为“女娲炼石补天”是“牺牲小我，完成大我”的伟大精神，体现出中华民族大爱无疆的优良传统。

公会是华人守望相助的社会组织。早期下南洋的中国人落地后，深感同乡之情甚是珍贵，不仅语言相通、饮食同源且同处异国他乡，遂“聚乡成会”，成立各籍同乡会、会馆。如惠州会馆、客家公会、潮州会馆、福建公会、福州会馆、海南会馆、蕉岭同乡会、河婆同乡会等。砂捞越泗里街省广惠肇公会秘书长言，属公会籍贯的会员去世后可埋葬于公会所属墓地，若他籍则不可。墓地与墓碑由逝者家属购买，若遇同籍贯而无亲属者，公会视情况赠予墓地与墓碑。非会员者，或葬于义塚，若逝者信仰基督教则葬于基督教墓园。

◎吉隆坡王叶亚来之墓

第二章

亚洲一端 龙腾虎跃

新加坡（Singapore）

“singa”为马来语“狮子”之意、“pura”为“地方”之意，故后人将此座小岛称为“新加坡拉”（Singapura），亦称之为“狮城”。

早期生活在马来群岛的岛民往返各岛间需配合季候风的转变。据《马来纪年》记载，在1299年，一位来自室利佛逝王国的王子Sri Tri Buana，又名Sang Nila Utama，因遇一场风暴而发现这座岛屿，并被岛上洁白无瑕的沙滩所吸引，在上岸之时见一头类似狮子的动物，便将这座小岛命名为“Singapura”即梵文“狮子城”之意，Sri Tri Buana亦成为该小岛的第一位统治者。

新加坡岛上有一个部落Temasek，意为“海城”。1330年前后，一名来自中国的商人王大渊抵达后，根据Temasek的音译将此部落称为“淡马锡”且沿用至今。该名被广泛地运用于命名街道、学校、大厦甚至公司，成为新加坡人家喻户晓之名。新加坡于1959年自治，1965年独立建国，短短50多年内所取得国家治理和经济发展的成就，尤其在经济转型与产业升级方面的巨大成功，为全世界所关注。因其“仅用一代人的时间，便从第三世界攀升到第一世界”。

探源狮子城

狮子城王朝是新加坡土地上有文字记载中最早的一个王朝，是满剌加王朝（马六甲王朝）的前身。在中国古文献中有关新加坡的地名记载有：皮宗、蒲罗中、龙牙门、凌牙门、龙牙山门、单马锡、淡马锡、新加峡（又作新加步峡、新加坡拉峡）、星忌利坡、新加坡（又作新嘉坡、星嘉坡）、旧柔佛、息力、昔里、息辣、星洲。

14世纪的淡马锡或新加坡拉的统治者和精英阶层多居住于山上，岛民们聚居在新加坡河（Singapore river）沿岸，海民（Orang Laut）则集中于龙牙门附近（今直落布兰雅Telak Blangah一带），海民主要以海为家，擅长航海和捕鱼，常用鱼获与往来船只换取日常用品（刀、烟草等），部分海民亦盗窃或掠夺船上物品。因海民熟悉马来群岛一带的水域，也曾在不同时期与马六甲及柔佛苏丹结盟。

商人汪大渊曾提及中国人与当地“番人”于淡马锡岛屿毗邻而居，长期和平共处。直至1399年，淡马锡遭受外来者侵略，依斯干达沙王（Sultan Iskandar Shah）弃岛逃亡，岛民亦纷纷逃难。此后淡马锡鲜有人烟，仅剩聚居在新加坡河口的少部分岛民。

《马来纪年》有记载，依斯干达沙王（Sultan Iskandar Shah）弃岛逃生，辗转至马六甲，建立起马六甲王朝，并派遣水师将军（Laksamana）驻扎新加坡。

1511年，葡萄牙在东南亚一带扩张其殖民势力，因马六甲拥有发达的香料贸易而遭葡萄牙侵占。曾属于柔佛廖内苏丹王朝的今新加坡一带，因地处马六甲海峡南入口，亦不免招来葡萄牙的争夺，马来统治者便与葡萄牙开展战争。

17世纪期间，荷兰人已在今新加坡一带扩张势力，并于随后的两个世纪内与葡萄牙人、当地马来统治者、亚齐（Achinese）与武吉斯族（Suku Bugis）等多方势力不同者争夺在今新加坡一带的贸易控制权。1603年，葡萄牙与荷兰的战船在今樟宜（Changi）岸边的水域对峙。

1805年，任职于伦敦英国东印度公司的托马斯·斯坦福·莱佛士爵士（Sir Thomas Stamford Bingley Raffles）被派往今马来西亚槟城。数年后，莱佛士被任命为代理人执行从海路入侵印度尼西亚爪哇的各项工作。1811年8月6日，英国远征军登陆印度尼西亚爪哇，经过与荷兰、法国军队短期激战后，英国远征军顺利占领了印度尼西亚爪哇岛。1811年9月莱佛士成为印度尼西亚爪哇的代理总督。英国占领原属于荷兰的苏门答腊岛后，莱佛士便被提升为苏门答腊总督。年仅30岁的莱佛士不仅管理印度尼西亚爪哇岛，且肩担管理数百万居民的群岛殖民地任务。统治期间，莱佛士尝试实行一定程度的自治，废除奴隶贸易，恢复部分当地古迹，并以新的土地租赁系统，取代过去荷兰人统治时期的强制农业计划。为改变荷兰殖民地制度，莱佛士尝试进行大量改革，改善当地土著人的生活条件，并撰写了一部《爪哇史》，记录印度尼西亚爪哇岛的历史。1815年，英国将苏门答腊归还荷兰。1816年3月莱佛士被召回英国，获册封爵士荣衔。

1819年1月29日，莱佛士在马来亚半岛南端的小岛上，建立了一个自由贸易港，即今日的新加坡。莱佛士成为新加坡总督后，于1823年1月正式宣布新加坡为自由港。不久后，新加坡成为英国殖民者加工、储存、分销鸦片的中心，从印度进口鸦片，加工后主要走私至中国，其余供应新加坡、马来西亚及东南亚其他地区。在航海贸易的年代，季候风向起决定性作用，来自中国的平底帆船和英国式快速帆船乘着十一月至二月的东北风而抵新加坡。驶往中国或印度的船只须待至四月，西南风吹起时方能启航。马来群岛的商船亦需依赖不同的季候风，每年六月至九月，来自婆罗洲的商船到达新加坡。

19世纪末，新加坡河及海滨以西至直落布兰雅（Telok Blangah）一带是商业活动聚集地，随处可见商人买卖和苦力做工，以及自中国南下的新移民在登岸。随着苏伊士运河（The Suez Canal）在1869年通航，络绎不绝的蒸汽船抵达新加坡，位于直落布兰雅的新深水港（今吉宝港）吸引了更多的欧洲商人开展贸易。

1923年，连接新加坡和柔佛的新柔长堤竣工。马来亚的锡矿业和橡胶业在蓬勃发展的同时也推动了新加坡的经济发展，虽历经济大萧条，但新加坡却能在十年内取得经济复苏。1930年，新加坡居民已拥有汽车、电影院和无线电等各种现代化设施。越来越多的亚裔族群人士（男性居多）成为律师、医生、文员、官员和商人等，这些专业人士皆受英文教育，穿着打扮以欧洲为模板，出入俱乐部、阅览室、赛艇会和社交聚会，过着上流社会的生活。

土生华人——峇峇、娘惹

居住在前海峡殖民地（马六甲、新加坡和槟城）的土生华人（Peranakan-Chinese）闻名南洋地区。一般认为，17世纪土生华人家族最早的落脚之处为马六甲，受马来社会的影响相对较深。而槟城土生华人的饮食文化和烹调风格则凸显苏门答腊岛、缅甸和泰国南部文化的痕迹。苏门答腊岛和爪哇岛市镇及廖内群岛也聚居着土生华人。

土生华人家庭重视对孩子的培养，男性将被培养成为家庭的未来支柱，期望其在商业、法律、医学等领域有所建树；女性则被教导成为贤淑端庄的女子，为日后嫁作人妻打下坚实的基础，如学习针线活和为自己制作嫁妆（绣珠鞋、女红等）。

纳彩仪式意指新郎新娘的双方家庭在婚礼前相互交换结婚礼品，纳彩之日为经双方家庭共同挑选的良辰吉日。在第二次世界大战前，纳彩仪式隆重非凡，负责送礼者、吹奏唢呐者和亲属将结队而至，共同参加象征两个家庭结合的特殊仪式，所送之礼皆精挑细选，并在良辰吉时从新郎家送达新娘家，新娘家属对一字排开的礼品进行选取，未收之礼及赠于新郎家的回礼将一并送返新郎家。

礼品一般放置于黄铜或铜制的托盘、漆篮或特别定制的礼盒中，用蜡染布、刺绣和红色剪纸进行装饰。土生华人对礼品的呈现、摆饰和交换方式极其看重，双方家庭都严格遵守送礼之礼节，对细节要求尽善尽美。除必备物品外，每家每户准备的礼品都不相同，马六甲、新加坡、槟城、印度尼西亚各地的风俗也略有不同。一般而言，纳彩仪式之礼品包括一条猪腿、多种吉祥水果、成双成对的红蜡烛、装有聘金的红包、珠宝和衣物等，礼品皆具有重要的象征意义。

珠宝首饰之于土生华人婚礼可谓意义重大，以绚丽夺目的珠宝装扮一身的新娘则是婚礼中最为注目的亮点。不同地区的土生华人首饰风格不尽相同，槟城土生华人新娘的头饰是用翠鸟羽毛点缀的精巧镀银饰品，而马六甲和新加坡的土生华人新娘则盘起假髻或发卷，别入精致的冠状发夹。

头饰或婚庆发夹上多饰有寓意吉祥的图案，如八仙、鱼、花鸟等。新娘会在额头上系上丝绸或戴上丝绒发箍，佩戴镀银或金制的八仙、骑鹤寿星等饰物。信仰基督教的土生华人家庭则用镀银或金制的花卉造型代替中国神仙图案。部分新娘会佩戴被称为“Thau Tok”的龙凤形状的特制长发夹，象征中国的皇太后，这是当地马来民族传统婚礼习俗的体现，即“一日之王”（Raja sehari），意为新郎新娘在婚礼当天便是皇帝和皇后。新娘的纤纤细手皆佩戴满满的金戒指、钻石戒指、精美手镯和手链等。婚礼的首饰大多来自被称作“喜娘”（Sang Khek Umm）的中间人，她向富有的土生华人家庭租借珠宝，再转租新婚家庭。

婚礼用品颜色几乎为红、粉、橙、黄、金等，并印有寓意婚姻美满的图案。土生华人也认为“好事成双”，故婚礼用品多为成双成对。同时，新娘会利用婚礼展示自身在刺绣、珠绣及其他家庭手工艺等技能，只因心灵手巧的新娘将会赢得夫家及在场人士的尊重，这些技能也是她勤劳贤惠的体现。

19世纪末至20世纪初，槟城、马六甲、新加坡等地的土生华人家庭举行婚礼时，皆遵循中国的传统习俗，一般通过媒妁之言，在征得适龄青年男女的意见后，父母长辈做最终决定，必须依据新郎和新娘的生辰八字，挑选良辰吉日方才行礼，还需邀请神灵、祖宗和长辈前来见证，婚礼过程长达12天，对土生华人而言，家庭观念尤为重要，传宗接代则是长辈对新婚夫妇最大期望。

在土生华人为期12天的婚礼中，梳头被视为最重要的仪式。在中国的传统观念中，成年和婚姻密不可分，梳头仪式则被视为新郎新娘的“成年礼”，标志其步入成人时代。梳头仪式在12天婚礼中的第一天完成，必须选择良辰吉时，即午夜和日出之间的某个时辰，分别在新郎和新娘家中举行。穿着白衣套装的新人坐于大竹盘的米斗上，米斗的开口端代表女性，底部的封口端代表男性。新郎家中的米斗为倒置，新郎坐于米斗的底部上，面朝屋内而坐；新娘则坐于正向放置的米斗上，面朝屋外，意示将离开自家，嫁入夫家。白衣套装是土生华人结婚时最为重要的衣着，新人的白衣皆为一同缝制，象征天作之合。结婚时的白衣须保留至离世前，充当寿衣用于夫妻在阴间相认，象征着至死不渝。梳头仪式所需用品有通书、秤、金属尺、剪刀、剃刀、镜子、梳子和一段12尺长的红丝线，这些物品皆代表成年人应具备的重要品德。如秤代表需仔细掂量或权衡事务，金属尺代表做人做事要有尺有度，红丝线代表姻缘，剪刀代表做事情需小心谨慎等。将上述物品在新人头上扫过，模拟梳头动作。新人在家庭的保护神——天公和祖先前，在父母、长辈的见证下举行梳头仪式，听取作为新婚之人对神灵、祖先、父母及未来子女应尽的义务与责任。

迎亲和敬茶仪式于婚礼第三天举行，并将新娘接回家中。迎亲队伍抵达新娘家后，新郎新娘向神灵、祖先和长辈行礼，随后在声势浩大的迎亲队伍护送下前往新郎家中，第一次以夫妻之名义行礼。迎亲队伍提着两家姓氏的灯笼，举起挂有吉祥

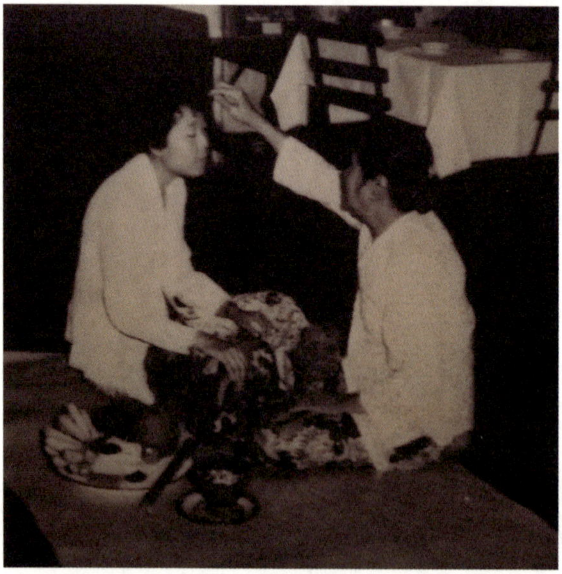

◎土生华人婚俗——梳头仪式

红布的新鲜竹枝，为新人撑起一对刺绣阳伞。花童也列队于迎亲队伍之中，若一对花童是马六甲和新加坡的新人，两对花童则是槟城的新人。除此之外，亲朋好友亦会加入迎亲队伍，寡妇不可参与，但已婚人士可参加，若是育有多位男儿的夫妇陪同则被视为吉利和多福。新人的结婚服饰可谓“层层叠加”，有白色衣打底，还有“竹片衣”（用于隔离汗水）等，加上最外层的结婚服约有五套衣物。

敬茶时，身着结婚礼服的新人先敬拜天公（玉帝）、家神和祖先，随后将双手放于一对扶手椅上方，以顺时针方向绕圈视为祈福，因家中长辈会坐于此椅接受新人敬茶。男性长辈与其配偶按照“男左女右”的传统分坐于扶手椅，依照年资排辈接受敬茶。敬茶后，长辈们会向新人赠送礼物表示祝福，有礼金红包、金银首饰等。

“Duabelas Hari”指土生华人婚礼的第十二天，亦是最后一天。新婚夫妇先于新郎家中拜见神明、祖先和新郎父母。随后新郎家中佣人将装有椰浆饭（Nasi Lemak）和各色辣味小菜的篮子送至新娘家中，新郎新娘等尾其后，两家人便在长桌（Tok Panjang）上享用椰浆饭及数十道菜肴。

“Tok Panjang”（长桌宴）为峇峇马来语，意指婚庆等特别场合举办的宴席。“Tok”为福建方言“桌子”之意；“Panjang”为马来语“长”之意。“Makan Tok Panjang”（食长桌宴）是土生华人在19世纪后半叶形成的习俗，为特别日子而举办的住家宴席，通常在午间举行，亲朋好友出席。为符合宴会主题，长桌上的菜肴和甜品多为特别制作，宴席的风格结合了欧洲、中国和当地马来元素，极具特色。

按照长桌宴的习俗，主人公先为在场的宾客奉上龙眼茶和槟榔。若是男性宾客，或会以白兰地、威士忌和香烟招待，前往主餐桌用餐时，由主人家的女性或仆人上菜，男性先食用。就餐使用筷子、勺子或手，皆凭其个人喜好，故餐桌上便呈现用各种方式进餐的景象。宴席结束后，主人家向宾客提供水用于清口，另一旁的桌子摆放甜品供其取用，以槟榔招待宾客亦是普遍做法。

除宴会外，土生华人在外就餐亦使用圆桌。一种观点认为，最早的长桌宴是为婚礼而举办的，餐桌自祖先神坛伸出，象征家中增添新成员。另一观点则是基于房屋构造。在英国殖民时期，房屋征收税费时依据门面大小而定，门面越大税收越高，聪慧的华人将房屋建成长方体形状，以达到所需的面积，故现今马来西亚、新加坡的历史建筑多为“门窄内长”。为适应狭长的屋内空间，摆设长桌方能使空间得以充分利用。

以狭长的房屋内部结构而言，厨房则位于最内部，也是土生华人家居最重要的组成部分。多数土生华人女性将大部分时间用于厨房事务，其对于厨房有着特殊的感情，亦在此招待其女性密友。

厨房内的物品来自各个地区，如有暹罗的青瓷与陶壶、缅甸的漆器等。部分家庭用具被视为具有辟邪能力的护身之物，如槟榔盒、香料篮、米缸等。土生华人相信，此类用具被装满后将变得神圣而富有灵性。乔迁新居入住前，土生华人会选取良辰吉日将此类物品先搬入新居。另一项传统则为火炉在早晨时被点燃后，需等待至日落时分才能熄灭。

土生华人多数奉行中国式的多元宗教信仰，由华人祖先从中国南部带入，结合了民间信仰、祖先敬拜、儒教、道教和佛教元素。随着社会发展，土生华人开始从本土社群借鉴并吸收当地的宗教信仰，融入自身传统与习俗，最终形成了独特的精神信仰。尽管如此，中国的宗教信仰在土生华人社群中依然是体现其独特身份的重要标志。随着人口增长，土生华人从中国引入僧侣和道士以满足当地社群的需要，寺庙亦成为公共建筑。17世纪初期，土生华人甲必丹Tay Kie Ki修建的马六甲青云亭是马来半岛最早使用之寺庙。坐落于新加坡直落亚逸街（Telok Ayer Street）的天福宫由土生华人领袖陈笃生（Tan Tock Seng）率一众善男信女在1839年捐资兴建，建成后是当时中国福建籍商人及人士聚集的场所，亦是当时华社的文教中心。临海的天福宫主神为海神妈祖娘娘，凡即将启航扬帆或安全抵岸的华人，皆将船舶碇于宫前，向妈祖娘娘还愿祈求平安。

由马六甲迁居新加坡的峇峇陈笃生原以卖菜为生，后成为海峡殖民地最著名的“头家”（华商）及慈善家之一。陈笃生不仅通晓多种语言且交游广阔，与不同族群的商人建立良好的合作关系，在与英国商人合伙投资房地产时获得丰厚的回报及财富。乐善好施的陈笃生十分关注社会贫民，并为其建设了一所平民医院（陈笃生医院），出钱安葬超过千名华族贫民。

除道教和佛教等正统教义，土生华人的传统信仰也掺入了许多传承而来的万物有灵论和民间习俗。雕工精细的神坛通常置于土生华人住家前厅，将家神安放于神坛中央，供家庭成员向家神和神灵敬拜和祈福，神明的画像亦可悬挂于神坛后方的墙壁上。神坛上摆放有茶、水果、糕点和甜食等，以花束作为装饰。与祭拜祖先不同，供奉神灵的供品为单数。

土生华人的葬礼习俗亦源自中国，丧礼程序繁缛复杂。当一家之长去世时，逝者会被平放至家中主厅的长凳上，用一道白色布帘隔开，殡葬者为其净身及换上殓服。入棺前，长子按照传统习俗将米饭喂入逝者口中。棺材中会放置一些特殊物品作为陪葬，若逝者已婚，需放入其在婚礼时梳头仪式上所穿的服饰，用于往生后与配偶团聚时的相认之物。

守夜通常为三至七天，在此期间香火不能熄灭，按照逝者在世时进餐时间供奉食物类祭品。前来吊唁的亲朋好友会向家属献上白色信封的“白金”（慰问金），一般为奇数金额（偶数用于婚庆场合）。家属则会向客人提供茶水、甜食等，并在告别客人时送上红线和一对红色小蜡烛，红线用于途中丢弃，抵家后将红色小蜡烛点亮置于家门外，如此一来便可避免让守夜之人染晦气。

土生华人丧礼的服丧期为三年，儿媳妇必须多服丧四个月，视之为其娘家接受聘礼的象征性回报。裱有家族姓氏的灯笼等需撤下，换上白色灯笼，若逝者配偶尚在，则只悬挂一个灯笼；若无配偶在世，则悬挂两只灯笼。土生华人将家中牌匾标上白色的交叉符号，镜子亦会被贴上白色的大交叉符号或用白布盖起。神像则用红纸包起，撤除窗帘、桌布等代表吉祥的红色物品。黄金和钻石首饰必须用红纸包装好收起，女性仅能佩戴珍珠和银饰或翠玉饰件。在守夜和丧礼期间，家庭成员须穿着麻衣，丧礼后第一年穿着黑色衣服，随着服丧期渐远，守丧服的颜色则从黑色、蓝色、绿色变至在蓝色、绿色的底色上点缀浅黄色、橙色等。服丧期结束时，家中大门上会悬挂一块红布，意味着财气。

“孝道”观念是土生华人传统宗教的重要内容，其对祖先皆怀有崇高的敬意，纪念并推崇祖先对家族所做出的贡献尤为重要。土生华人相信，祖先去世后将到阴间生活，与阳间无异仍有金钱和物质需求，故其体现孝心的方式之一便是焚烧钱纸、服装、家用物品、楼房、汽车等供品，确保不断满足祖先的各类所需。土生华人在做出重大决定前通过杯茭等特定仪式征求祖先意见。在农历新年和清明节期间，神坛上必须供奉食物饮品给祖先享用，土生华人通过节日来纪念祖先并表达感恩之情。

在殖民时期，土生华人仍维持传统宗教习惯。直至19世纪末，受现代思想观念和生活方式的影响，不少土生华人倾向于简化甚至摒弃传统礼仪与习俗，部分土生华人则成为基督教徒。随着工业贸易增长和英文教育的普及，基督教在土生华人中得以传播。土生华人领袖与英国殖民统治者及西方企业皆建立了良好的合作关系。土生华人敏锐地意识到英文教育的重要性和必要性，率先将子女安排入读英文学校。由基督教传教士所创立的英文学校，尽管其不强制学生信仰基督教，但少部分土生华人子女已对基督教产生认同，奠定了基督教在土生华人社群中传播的基础。

1819年新加坡开埠后，引来大批华人移入，包括大部分来自马六甲的峇峇华人（Babas）。华人在新加坡的发展系沿新加坡河口而向内陆发展，华人经营完全由驳船运输进出口货物，自1820年均沿河起卸停泊，船户多为福建籍华人。新加坡华人分为峇峇与“新客”（Cina Totok，华侨）两类。“新客”又分为福建人、潮州人、广府人、客家人、海南人五大帮；峇峇华人则来自马六甲、槟城，其父系与当地妇女（来自爪哇、巴厘岛）通婚，形成混血种的相貌与文化，其后代男子为峇峇，女子为娘惹。峇峇、娘惹接受过英文教育，能通马来语与英语，峇峇常常被英国殖民者选为华人甲必丹或者社区领袖。峇峇、娘惹凭借语言优势及熟悉英国殖民者统治习惯受到了优待和照顾，聪慧的他们通过经商致富。马六甲的峇峇商人们作为中间人在英国殖民政府与华人之间占据了重要地位。因峇峇商人懂英文，具备与西方人交际的能力，作为华人，峇峇们也能照应来自中国的新移民（新客）。

在土生华人的家庭意识中，女性（娘惹）的本分应在家庭，少女应学习打理家务，学习厨艺和手工艺等，若其精于烹饪和缝纫，便是一种能抬高结婚时身价的资本。对于贫困的家庭而言，此类技能手艺则是一类经济资产，母亲和女儿可制作娘惹糕点或替人裁衣服补充家庭收入。在20世纪前，娘惹于十三四岁后便禁止独自出门或在家中接待男性访客，多留于闺阁内，同家中其他妇女一同生活。娘惹对家庭依附的典型结果表现在擅长烹饪和刺绣，其以烹制各类糕点（部分源于马来人的烹饪手法）和菜肴而闻名。

娘惹通常负责缝制家人衣物，并为自己绣刺装饰精美的罩衫（kebaya），既保留了中国传统绣花样式，又融入了马来服装的设计和纱笼，最初是长款的纱笼衣（sarong），为了方便和美观便改成了短版的纱笼衣，创造了新式的华人女子服装。有学者认为，娘惹的装束受马来人影响最深，其所穿着的纱笼衣和罩衫是马来民族无领套服（baju kurong）的改装。无领套服是较年长的娘惹着装，罩衫多用花边装饰，说明娘惹们比马来女子们更具财力。娘惹们除穿着纱笼衣、罩衫和无领套服外，还会别上发针、胸针和佩戴手镯。娘惹的珠宝装饰品主要有两支金质的大发针和夹，以及Baju或Kebaya的三个胸针，称为Kerosang，是娘惹典型的服装珠宝饰物，模仿马来人。随罩衫配带的金质腰带扣（Pending）或银质腰带扣，亦是模仿马来人的产物。

娘惹的拖鞋往往绣满丝线、金线、小金属片、小珠子和镀金等饰品。绣珠鞋是娘惹身份的象征之一，也是必须要学习的一项手艺，用小珠子作为配饰点缀鞋子，制作精美的绣珠鞋是娘惹的嫁妆之一，同时娘惹亦需要为未来夫婿制作绣珠鞋，于结婚当日穿着。

◎绣珠鞋

南海之南望海南

海南亦称琼州，海南人抵达南洋地区后多从事理发、咖啡店、“打洋工”等行业。其勤俭节约、辛苦打拼，供子女教育，盼其成才，以致优秀的海南籍人士成为新加坡、马来西亚等政府部门的高官显要，获得非凡成就。海南人在南洋地区以经营咖啡饮食业著名，以“海南咖啡”与“海南鸡饭”著称饮食界，马来西亚、新加坡早期的咖啡店也多由海南人开办。原因有二：一是海南人移民南洋地区较晚，较优越之行业皆为闽、粤、潮籍华人垄断；二是经营咖啡店成本较低，若工作辛勤、付出劳力大可谋得温饱。

海南咖啡店是海南人聚集的场所，亦为琼籍前辈谈论事务之所，许多纠纷、生日庆典甚至婚宴大多在海南咖啡店进行。许多海南老前辈是烹饪西餐的能手，亦是不少西餐厅的主厨，因海南人在“打洋工”时，学得烹调西餐的手艺，是最早接触西餐制作的华族人士之一。1860年，新加坡华人人口激增，并逐渐形成五帮派：广府帮、客家帮、福建帮、潮州帮和琼州帮。其中较早移民的四大帮派几乎垄断当地东南亚土产、中国土产、航运业等利润较高的行业，而较晚抵达的琼州帮，面临在其他行业已经无法涉足之情形，“打洋工”则为最佳之选。1831—1850年间，欧洲人不断涌入新加坡，以洋人饮食、起居等文化习俗为中心的生活圈逐渐形成。在洋人聚集地区，生活奢侈，住所中有花园、停车场、工人房、厨房等，华人“打洋工”便兴起。

因于洋人家中做工学会了冲泡咖啡的方法，辞工后的海南人便独自开办咖啡摊、咖啡店。经营咖啡店和鸡饭店是马来西亚、新加坡海南人独特的传统行业，南洋咖啡文化的形成，与华人移民群体密不可分。最早、最多开咖啡店谋生的是海南人，最香的咖啡莫过于“海南咖啡”。

原产地巴西的咖啡传入东南亚始于1690年，由荷兰人引入印度尼西亚爪哇岛进行栽种。19世纪40年代始，新加坡海南人最早聚集的地区是美芝律“海南公司”和海南街一带，陈桂兰街、连城街、密驼律、巴米士街和余街是海南人最早经营咖啡店的地区。

海南人开咖啡店的“看家本领”是从洋人处摸索并自创的一套炒咖啡豆方法。在早期，炒咖啡豆的方法是将糖、咖啡豆和牛油一同炒制，冲泡出的咖啡味浓但香气不足。某个海南人将此种炒制咖啡豆方法改良，在咖啡豆炒制八成熟时再放入糖和牛油同炒，此类咖啡不仅浓郁，更香气扑鼻。后来海南同乡们皆学习此门“独创功夫”，使得海南咖啡飘香南洋各地。

海南鸡以“文昌鸡”为著名。文昌鸡的烹制过程：鸡宰杀干净后把鸡脚反扭入鸡下腹洞内，将鸡头仰屈用翅膀窝夹住。于鸡腹内放数片生姜和少许味精，并在鸡表皮涂抹适量精盐后将鸡置入烧滚的清汤中翻转，使鸡身四面受热膨胀定型，随后细火慢煮，至仅熟（八九成熟）时捞起抹上麻油，待其自然冷却即成。

海南人的“饭真”（饭团，以手捏成）亦为独特。“白切鸡”搭配“饭真”方为传统的海南鸡饭。旧时的新加坡海南街一带，有位健壮的老伯沿街叫卖，左右两手皆提着竹篮，一筐是白切鸡，另一筐为一团一团的饭真。如今，除马六甲的“鸡饭粒”外，多数海南鸡饭店皆不见饭真“踪影”。

“漂洋过海”的海南鸡饭略加改良，广而传开后即成“名肴”，“占据”南洋人的一日三餐，风味独特。因无文昌鸡，故旧时的海南人因地制宜，使用当地鸡种，今使用德国、美国等进口鸡。将整鸡洗净后放入水中煮至全熟后拎起浸入冷水，此时鸡皮紧绷，皮薄肉厚、口感紧实，吊鸡只，用鸡骨、生姜、盐等熬制的鸡高汤反复浇淋，此时的鸡肉“鸡香四溢”。加入鸡油、鸡汤、葱、姜等进行烹煮的鸡饭米粒松散、润泽光亮，鸡的肉香混合饭的清香让人食之难忘。佐姜蓉、辣椒、酱油，以清爽可口的鸡汤润口便是新加坡海南鸡饭的完整搭配。

不论海南鸡饭以何种方式呈现，皆为南洋华人之劳动智慧。其发扬光大后，随街可见的海南鸡饭食肆不仅满足食客味蕾，还成为当地经久不衰之菜肴。食过马六甲鸡饭粒，尝过新加坡鸡饭，笔者所感，是那份延绵数代的乡愁。

◎海南鸡饭

披荆斩棘，众心创校——南洋大学

陈六使（1897—1972年），中国福建同安人，少年时代南往新加坡，曾于同乡前辈陈嘉庚的公司做工，并受其栽培。后陈六使与兄弟创办树胶公司，渐成巨贾，为南洋地区企业家、慈善家，曾言："吾人为维护华人文化之长存，实有创办华人大学之必要。"

1953年1月16日，新加坡福建会馆主席陈六使在会馆执行监管委员联席会上，倡议创建一所华文大学。随后陈六使以福建会馆主席之名义宣布捐献裕廊500多英亩地段作为大学发展校址之用。陈六使首捐500万元，获东南亚各地华人响应。连瀛洲宣布献捐25万元。著名华裔商人胡文虎以本人及故弟胡文豹之名义捐建双连学生宿舍一座。李光前赞助5年（1953—1957年）总捐助的十分之一，并鼓励社会人士参与献捐运动。槟城林连登捐出50万元，建筑南洋大学图书馆（行政楼）。陆运涛献捐南大理学院全部建筑费（约30万元）。马来亚商界、学界，如出租汽车司机、三轮车夫、小贩、理发师等先后参加献捐，举办义驶、义卖、义演等活动，响应"有钱出钱，有力出力"的号召。

经政府批准注册，1953年5月5日，"南洋大学有限公司"取得法人地位。陈六使创办了中国以外之地区第一所华文大学——南洋大学（Nanyang University，简称Nantah），并当选为南洋大学新加坡委员会主席，聘请林语堂为第一任校长。

1955年6月，南洋大学先修班开始上课。1956年，第一届本科新生正式入学；3月成立南洋大学行政委员会执行大学行政，文学院院长张天泽博士膺选主席。1956

年南洋大学开学时仅有文学院暨理学院两院，文学院设有中国语言文学、现代语言文学、经济政治等五学系；理学院设有数学、物理等四学系。1957年，南洋大学商学院正式成立，设有工商管理、会计银行两学系。1958年初，第一期建筑工程全部竣工；4月23日，南洋大学学生会宣布成立。1959年，《南洋大学法令》于新加坡议会获得顺利通过。1960年，第一届本科学生顺利毕业。

20世纪70年代，新加坡政府开始推行以英文为第一语言（教学媒介用语），包括华语在内的母语为第二语言的双语教育政策，不仅导致华文教育在新加坡没落，且导致南洋大学生源不断减少，许多毕业生就业困难。此外，南洋大学亦开设新学科，有电脑科学、理化科学、环境科学、银行与财务学、大众传播与社会学以及心理学等。1975年3月14日，新加坡教育部长李昭铭兼任南洋大学校长，对南洋大学进行彻底改制，除中国语文科外，各院系的教学媒介语从中英双语改为单用英语。

1980年8月16日，南洋大学举行第二十一届毕业典礼。1981年，南洋理工学院（Nanyang Institute of Technology，简称NTI）于南洋大学原校址建立，并自1992年发展为现今的南洋理工大学。位于新加坡裕廊西云南园（今新加坡南洋理工大学校址）的南洋大学自此走入历史。

◎南洋大学旧址

放眼未来，规划先行

1961年，位于新加坡中巴鲁区附近的河水山（Bukit Ho Swee）大火，致2800多所房屋被摧毁，近16 000人流离失所。当时河水山居住有大批低收入的华人，木制房屋结构复杂，曾多次发生火情。新加坡建屋发展局（HDB，成立于1960年）遂推动公共性住房计划，即“组屋”。因具有完善的配套性设施，如医院、政府办公区、学校、警察局等，故被新加坡人称作“卫星镇”（Satellite town）。

两百多年前，今大巴窑（Toa Payoh）地区位沼泽区（Toa，为闽南语“大”之意；Payon为马来语“沼泽”之意），被建成卫星镇前，是一座住有2万多人的脏、乱、差的乡村。后来新加坡政府决定将大巴窑设计为一座可安顿20万人的卫星镇，从大巴窑挖出的500吨泥土被运往加冷盆地（Kallang Basin）填海。仅用十年时间，大巴窑从沼泽地（swampland）变成组屋林立的新镇，有各项满足居民衣、食、住、行生活需求的设施，地处新加坡中心的大巴窑，反映出新加坡新的生活形态。众多村民告别乡村，搬入高楼，生活环境卫生、干净、舒适，大部分家庭实现“居者有其屋”的规划进程。大巴窑中心是新加坡第一代市镇中心，独具特色的“L”字形建筑将图书馆、小贩中心、电影院、喷水池、泳池等汇集。

发展成熟的组屋区大都分为多个邻区（分区），各邻区拥有或几个邻区共同拥有多种民生设施，如商店、咖啡店（售卖咖啡茶水与熟食）、巴刹（菜市场）、小贩中心（集合售卖各种本地美食的小贩）、托儿所、幼稚园、公园等。大型的设施则属全组屋区共有，如购物商场、体育场、社区图书馆、政府综合诊疗所等。组屋区也有学校，以及为居民提供休闲活动、活动场地与各类课程的设施。大型设施多集中于组屋区的镇中心，是组屋区最热闹、繁华之地。镇中心多临近地铁站、巴士转换站，居民可从邻区搭乘镇内巴士至镇中心。新加坡的公共住宅不仅提供住所，而是社区和生活方式。

李光耀先生为打造“花园国家”，专门成立负责管理绿化工作的机构，曾言：“要实现新加坡的经济腾飞，就要‘在处于第三世界地区的新加坡创造第一世界的绿洲’，也就是在社会安全、劳资关系、医疗保健、城市环境、金融系统、教育、交通通讯等方面提供世界一流水准的服务，世界各地的投资者、经理人和专业人士才愿意来新加坡。新加坡必须比本地区其他国家更加刚强勇猛，更加有组织和高效率。‘我们努力把新加坡变成热带的花园城市，一年到头都干干净净、绿意盎然。’”

因敬佩政府为保护树木之举，潮州籍华人倪钦华赞叹道：“我们的国父李光耀先生非常爱惜树木，因为树木的成长需要的时间很长，是论年计算的。能够长到十分高大的树木很珍贵，基本上都有成百上千年，所以政府会很保护它们。如果是市政工程等需要移除树木，就必须向政府申请，并且请专家和吊车来，将树木‘原装’保留，移到其他地方继续种植，移一棵树，需要动用的资源有很多，花的钱也很多，但是这些都是值得的。如果在新加坡盲目地砍掉树木，代价就非常高。珍惜树木和自然资源，新加坡政府就向世界做出了榜样。不少国家乱砍伐树木，那些枝繁叶茂的大树，那些要几个或者几十个人才能够环抱的大树，就这样被砍掉，看得人都很心痛。所以我很庆幸新加坡政府能有这样的爱心和行动，让宝贵的地球资源一代传一代。”

新加坡政府为使植物多样性、丰富性，派专家寻植物新品种，先后引进近万类植物品种，可谓“植物大观园”。眼见绿染点点青，斜风细雨洒新景，万紫千红朵朵开，狮城焕颜众争爱。国际都会与古木参天，繁华喧嚣与宁静深郊，现代艺术与近代瑰宝，皆融之巧妙，观之奇妙，叹之真妙！新加坡是也。

田园小岛——乌敏岛

乌敏岛（Pulau Ubin）亦称石山，地处新加坡岛之东北方位，岛质主要为花岗岩，岛内四周布满大面积红树林沼泽地，小丘和山谷连绵起伏，河流蜿蜒曲折。乌敏岛附有两座小岛，蟹岛（Pulau Ketam）和青蛙岛（Pulau Sekudu）。

据传说，曾有一头大象、一头猪和一只青蛙互相竞速，自新加坡岛至对岸柔佛。最终无一生还，皆溺毙于海水。不幸的大象和猪化身为乌敏岛，而青蛙则变为青蛙岛，附于乌敏岛。

◎乌敏岛

有关报道记录，1991年3月，一头高2.3米的大雄象突现乌敏岛。新加坡有关部门工作人员推测其或许来自马来西亚柔佛一带，而出现之因却不得而知。

乌敏岛原属柔佛苏丹之辖。1823年6月9日，英国约翰·哥罗福（John Crawfurd）任新加坡驻扎官。1824年8月2日，约翰·哥罗福与柔佛苏丹及天猛公签订条约，正式将新加坡岛周围约16千米内的水域和岛屿（包括乌敏岛等）之归属权让于新加坡。据相关记载，约翰·哥罗福于1825年8月4日登乌敏岛，插起英国国旗，鸣礼炮21响以示庆祝。当时岛内仅有部分砍柴为生的岛民。1826年，石叻坡并入海峡殖民地（俗称三州府）。归属英国统治后，原本于加冷河（Sungai Kallang）一带捕鱼为业的马来人（Biduanda Orang Kallang）迁移至乌敏岛的甘榜苏劳一带，续以渔业和农耕为生。随后部分华人亦迁居乌敏岛，当岛内有采石场后，华人陆续奋勇而至。

1837—1856年期间，任新加坡驻扎官的汤姆士·丘奇（Thomas Church）于1856年签署政令，派印度囚犯建立基地开采花岗岩，开采工作后来被华人所取代。

乌敏岛内亦盛产木材，1851年已建立廊坊采伐木材，后也开辟咖啡和甘密种植园。19世纪时，乌敏岛仍属荒岛，不时有老虎出没。1852年，村民郭亚相被老虎活活咬死。至20世纪，乌敏岛则有大面积的橡胶园。

乌敏岛内邻近咖啡山之地有数块巨大的花岗岩石，一岩石空间吊有布幔，内摆放一尊少女神像，外则供人烧香祭拜。此少女神像即为拿督姑娘，潮州籍岛民称其为“拿督姑”。生活于岛内的年长者解释道：“拿督姑就是一个德国少女，在第一次世界大战前就和父母搬到乌敏岛上居住，她的父母在岛上开垦了一个咖啡园。但是这个德国家庭如何来到岛上，为什么来到这个岛，就无从得知。据说这家人和当时住在岛上的马来居民和华族居民关系都很好。”

据新加坡国家公园局有关资料，1910年，第一次世界大战爆发前，乌敏岛咖啡园内两处地段居住有德国家庭，名字分别为Daniel Brandt和Hermann Muhligan。第一次世界大战爆发后，英国军队将咖啡园园主抓起之时，受惊吓的18岁德国女孩跑进森林中，其家人则被送往新加坡岛内拘留营。数天后，岛内园丘工人发现女孩的尸体，几名华族工人将其埋葬至石山山背。为使女孩安息，华族工人便于大石间设立小庙。小庙所在地后因石场开发，遂被迁至近咖啡山之地。

历史资料显示，第二次世界大战爆发时，日本军队占领马来半岛后于1942年2月7日南下，预备进攻新加坡的英国守卫军。当晚，日本军队先于乌敏岛登陆，并架起大炮，向新加坡东北部猛烈开火，但实则为声东击西之策，让英国军队误以为其自樟宜一带登陆，诱使英国军队将西北部火力集中于东北部。最终，日本军队势如破竹，从新加坡岛之西北方向攻入，如入无人之境。

第二次世界大战期间，乌敏岛并无受日本军队过多破坏，但日据时和第二次世界大战后，因物资匮乏，物价飞升，岛内生活苦不堪言，民生凋敝。岛民着缝补破旧之衣，食自家种植之青蔬及木薯，住于简陋亚答屋或茅草屋，四面围以树皮或树枝，夜晚海风呼啸穿壁而入，雨天甚苦。加之岛内无水电供应，岛民唯有饮自掘之井水，以煤油灯或蜡烛照明。随后岛民纷纷互帮互助，齐心协力，共建新家园。

公立敏江学校是乌敏岛最早的学校，亦是岛内华族子弟唯一的启蒙学校。此校创办于第二次世界大战后，虽地处偏僻，无水电供应，但村民们仍群策群力建立起学校。随岛内人口逐渐凋零，1985年学校仅有十名学生，被迫无奈停办。据言，第二次世界大战前，乌敏岛已存在私塾教育。当时，由岛内数位大户人家出资合请“教书先生”（闽南及潮汕方言），开办学堂教导四书五经，因缺乏课室及学生数量少，故教书先生借用戏台教课。华族人士重视子女教育之精神无远弗届，世界各地华人家长几乎如此。

新加坡探墓者曾实地调研，证实今乌敏岛内存有数座清朝年间之墓。探墓者林志强发现一座清朝古墓，墓主逝于1877年。他还发现部分古墓，墓主卒于清朝光绪年间，多为潮州籍人士。凡此种种，皆证明19世纪中期已有华人于岛内居住和从事各类活动。

乌敏岛内分布有许多村落，早期华族岛民将乌敏岛自东向西细分为港脚（方言称为街场）、头条巷、二条巷、三条巷、新港、北干那那（马来乡村）、丹戎区（丹戎仄爪哇）、炮台、咖啡山、黄梨山、南丰园、三兴园、妈祖及三海尾等十余区。马来岛民除少数种植大米和木薯外，多数从事捕鱼，聚居于大海沿岸。华族岛民散居于全岛主要道路、花岗岩采石场和种植园附近。从事于住所周边之相关行业或商贸经济活动。

乌敏岛人口数量随采石业于1990年逐渐没落而日渐减少。乌敏岛内最后一家石场于1999年停业，当时许多岛民已搬进新加坡岛内组屋区，乌敏岛因而失去往日热闹之景，渐归宁静自然。乌敏岛以花岗岩闻名，且历史悠久，岛之兴衰大都与采石业发展趋同。英国殖民者于1850年和1851年建造霍士堡灯塔和莱佛士灯塔时，原材料皆来自乌敏岛之花岗岩。兴建柔佛长堤之花岗岩大石块亦自乌敏岛。

1960年始，新加坡政府需大量石材兴建组屋，乌敏岛之采石业得以再次发展。初期开采石材主要依靠手工，1970年始工厂引进机械生产，产量大增。部分矿山被深挖至地下数百尺深，远低于海平面。1990年初，因开采过度，乌敏岛内矿石资源迅速枯竭，造成无法弥补的自然资源和环境破坏。新加坡政府遂决定逐渐关闭岛内所有采石场，岛内人口亦随之减少，部分废弃多年的采石场逐渐形成矿湖，多数村落亦重新被森林覆盖，使乌敏岛复现自然之态。

点滴新加坡

新加坡之地标鱼尾狮（Merlion）身长8米，重70吨，嘴角上扬，面貌和善，柔化了原本勇猛的神态，雄伟地矗立于滨海湾（Marina Bay），喷吐着气势如虹的水柱，向世人讲述着新加坡的自信与骄傲。鱼尾狮的“狮头鱼身”外形初稿于1963年由新加坡范克里夫水族馆（Van Kleef Aquarium)馆长布仑（Fraser Brunner）设计，狮头象征传说中11世纪山尼拉乌他玛王子在淡马锡（新加坡）岛发现狮子，鱼尾则象征新加坡从小渔村发展而来。1964—1997年期间，鱼尾狮是新加坡原旅游促进局（1997年易名为新加坡旅游局）的标志。时任总理李光耀决定将鱼尾狮标志塑造成立体雕塑，期待它能与丹麦哥本哈根的美人鱼铜像般，成为闻名遐迩的标志。1972年8月，历经九个月的鱼尾狮塑像制作完成，9月15日由时任总理李光耀揭幕。

©鱼尾狮

西方殖民者进入东南亚之前，南洋地区国界疆域为殖民势力瓜分之果。新加坡、印度尼西亚廖内群岛和马来西亚柔佛州在早期同属于柔佛王朝之势力范围，三地大部分被热带原始森林所覆盖，马来土侯王族则散居于河口村落，几乎无内陆交通。荷兰人涉足廖内群岛后，吸引华人抵当地开垦种植，为便于生产资料运输和与外界沟通，华人移民多数选择在河流两岸开荒辟地，建立甘密园。从事甘密种植的华人以潮州籍为主，闽南籍次之，多数是暹罗和马六甲的华人移民。华人移民将沿河开芭种地称为“开港”，潮州话和闽南语皆称河流为“港”。因当时占据廖内群岛的东印度公司资源有限，华人劳工为求自保以及维持园丘之有效运作，遂继承宗乡结社自助的传统，形成自治组织，领导“开港”的“头家”被称为“港主”，此因地制宜而形成的经济组织与18世纪的婆罗洲（今加里曼丹岛）客家移民为开矿而自发组织形成的“公司”（区别于现代的公司）类似。

为方便交通和人员流动，“港主”多选择于近河流的平地建起劳工宿舍、工寮和货仓，当地人称其为“万栅”（Bangsal）。随后亦出现商店、神庙、赌馆、烟馆（鸦片馆）等以满足园丘劳工之生活需求，渐成市集。此类市集多处于“芭地”外及近河流处，遂有“港脚”之称，后引申为一般市集之称呼。

早期新加坡北部和西部遍布甘密园，以“港”命名之地有蔡厝港（Chao Chu Kang）、陈厝港（Tan Chu Kang）、刘厝港（Lau Chu Kang）、曾厝港（Chan Chu Kang）、林厝港（Leam Chu Kang）、朱厝港（Chu Chu Kang）等。其有两种命名方式：一为以港主的姓氏命名；二为以甘蜜园开发者的姓氏命名。

新加坡厦门公会成立于1938年，最初为支持家乡及中国抗战大业，由几位厦门籍先辈发起，3月16日正式获准注册。厦门地区中秋节有“博饼”之习俗，“博饼”为闽南语“戏饼”之意。“一会饼”，由大小不等的六十三块月饼组成，用中国科举制度之头衔赋予月饼名称。“状元”一块，“对长”（榜眼、探花）两块，“三

©新加坡厦门公会

红”（会元）四块，“四进”（进士）五块，“二举”（举人）十六块，“一秀”（秀才）三十二块。“状元饼”最大、质量最好，“对长饼”次之，如此类推，“一秀饼”最小。参赛人数不限（五至六人为宜），参赛者按“一会饼”“博”，以六颗骰子掷于大碗，参赛者依次轮流投掷戏耍。骰子有六面，刻有一、二、三、四、五、六的点符号，若得“状元”即四颗四，称“四红”；五颗四，称“五红”或五颗相同的一、二、三、四、五、六，称“五子”。“对长”即一、二、三、四、五、六或两颗相同的一、二、三、四、五、六。若无人“博”得上述点数符号，即视为弃权，仅有“望饼兴叹”。但“博”得“状元”则需等待“博”完方能定局。“状元”之竞争激烈，同为“四红”“五红”“五子”要以附带数字的大小取胜负。“四红”可被“五子”取胜，“五子”可被“五红”夺魁。若出现六颗四，

◎克拉码头

则满堂红大吉利，整件会饼皆为其所得，或有人家以放鞭炮表示祝贺。

19世纪，中国广东、福建地区的新移民在出洋劳工重要的中转港口——新加坡中转。船靠岸时，黑暗、逼仄的船舱内传出一阵又一阵喧嚣声，行驶半个多月的小货船终于抵达新加坡。岸上“兄弟会”（“公司”或“会”）的代理人接待中国劳工，兄弟会成员与中国劳工或是操相同方言，或是祖籍地相同。船上的“客头”（可能为兄弟会的成员，被安排与新招募的移民同船出洋）专门与兄弟会的代理人交接，向“客头”支付中国劳工的旅费和佣金。随后，中国劳工被安排与其他同时抵达的新移民集中住宿，等候被转送至种植园或矿山公司工作。兄弟会组织安排、安置新移民和劳工，从中获取利益。中国劳工于当地以双手艰苦谋生，苦累交织、汗血相融。

牛车水（Chinatown）也称作“Kreta Ayer”，是新加坡著名华人聚集区。早期的华人以宗族地缘而聚居，福建籍人士多在直落亚逸街（Telok Ayer）和滨水区；潮州籍人士集中于新加坡河（克拉码头 Clarke Quay）和福康宁（Fort Canning）附近，广东籍和客家籍人士则聚集在牛车水。

据了解，早期新加坡市区居民和郊区居民皆依靠井水和河流水供生活所需。店屋（Shophouse）是早期新加坡人的特殊居住模式，其设计为“前店后屋”，店屋后半部分必留有天井，天井底下则是打井之处。

一篇发表在19世纪的文章道出有关牛车水地名来源之线索，文章提到，在新加坡开埠初期，为治理马车经过后尘土飞扬的马路，政府相关部门雇佣华人劳工用浇水桶自河流边取水后沿途喷洒在主要的马路上，因浇水桶容量有限，华人劳工需不断于河流旁取水，效率十分低。后由水牛拖拉的水车（water cart或watering cart）取而代之，水车装置有英国进口的大水箱，经过街道时能沿途洒水，解决了马路尘土飞扬的问题。于是当地居民称水车为“Kreta Ayer”，马来语“Kreta（Kereta）”意为“车”；马来语“Ayer”意为“水”。华人们便直译称之“牛车水”。

牛车水片区范围有水车路、桥南路、新桥路、珍珠街上段（Upper Chin Chew Street）、摩士街（取名于街内一座回教堂）、邓波街（戏院后街）、丁加奴街（戏院横街）、史密斯街（戏院街）、硕莪街（庙仔街）、宝塔街（广合源街）和硕莪巷（死人巷）等。

珍珠街上段，俗称“豆腐街”，曾是豆腐作坊集中地，是具有百年历史的古街道。清朝末年，清朝廷保商局大员丘逢甲南抵新加坡，慰问华侨，至豆腐街拜访叶季允时作诗曰：“万里飞腾志未乖，海山苍莽遗吟怀；他年岛国传流寓，诗屋人寻豆腐街。”豆腐街以住家居多，只有少量商店。女性多从事建筑行业，部分于树胶厂、松脂厂做工及在豆腐街摆卖。男性以木匠、机械工人、裁缝、店员等为业。除少量客家人、潮汕人和福建人，豆腐街几乎为广东三水籍人士之“大本营”，以广东话为主要交流用语。

豆腐街的发展可分为数阶段。移民居住地，早期南来的华人大部分居住在牛车水附近小巷和豆腐街。20世纪初，豆腐街酒楼林立，夜夜笙歌，华灯璀璨。20世纪50至60年代，豆腐街因“红头巾”女工（头部以红色布包裹的劳动妇女）而闻名，当时无职业介绍所和工会，从事建筑业的红头巾女工每日集中于豆腐街，等待建筑承包商的招雇。夜晚时分，红头巾女工为贴补家用，便摆卖废旧木柴、廉价蔬菜。

勤劳的红头巾女工生活巨细皆于豆腐街内，直至搬迁为止。

红头巾有两种包裹方法，一为方形，二为尖形。方形红头巾是于建筑工地做工的标志；尖形红头巾包裹法则是于香港街一带从事搬运工作。另一类包裹蓝色布头巾的劳动妇女并非广东三水人，而是广东清远人。因头巾为蓝色，故被称为“蓝头巾”，与“红头巾”同以建筑和搬运等粗重活为业。

妈姐亦作“马姐”，指扎起马尾长辫、身穿白衣黑裤，祖籍广东顺德的女佣。1930 年，广东顺德丝绸业式微，当地原以缫丝为业的自梳女（立志不嫁者）为维持生计而抵南洋（马来西亚、新加坡等地）当女佣。马姐们集结为社，集资购买住所（姑婆屋），新加入者，在神明见证下举行自梳仪式，扎起一条马尾长辫，立下终身不嫁之承诺。其选择“梳起不嫁”是基于对广东故乡亲人的无私奉献精神，因其担忧嫁作人妇后，存在家庭负担，便无法寄钱给乡下亲人，并且惧丈夫人品不优，待己不佳。其替人“打家庭工”，把微薄收入的大部分寄返家乡供养家人，却将青春付诸匆匆岁月，任劳任怨、克勤克俭、不计名利。部分马姐晚年以售卖旧纸皮、瓶子、报纸、杂志等维持生计，食用隔夜饭菜和拾来的烂菜。马姐们劳碌一生，仅换来孤苦、寂寞、悲凉的晚年。红头巾女工和马姐是聚居于牛车水的典型人物，在新加坡建国之道路留下一行行难以磨灭且举足轻重的痕迹。

乌节路（Orchard Road）集中了各类购物中心、国际旅馆、餐馆、酒吧和休闲中心等。灯火通明，繁华尽；华灯初上，始欢聚。乌节路历史悠久，新加坡独立前，乌节路一带为殖民地长官之住宅地。今乌节路原为墓园，后种满各式果树，英文“orchard”为“果园”之意，“Orchard Road”中文音译名“乌节路”由此而来。1900年初期，一场果树病变使果园停产，荒芜一片。经政府积极打造，如今乌节路已成为新加坡国家名片之一。

肉骨茶依据汤色大致分为两类，暗黑色和黄白色。马来西亚肉骨茶多为暗黑色，新加坡肉骨茶则为黄白色。品之口味，马来西亚肉骨茶药材味浓郁，新加坡则具辛辣胡椒味。肉骨茶演变至今亦有“干肉骨茶”和“湿肉骨茶”两类。“湿肉骨茶”为传统肉骨茶；“干肉骨茶”则收干汤汁，“煲气”扑鼻，可谓“看似炖肉一煲，实为药炖肉煲”。

华人始创之肉骨茶总让人品出相传不息的关心和体贴。早期华人于南洋艰苦创业，食用肉骨茶无疑是故乡的温暖和慰藉。饮汤润喉，肉配米饭扒入口，力量满满转身起，撸起袖子再奋斗。

“芽笼”（Geylang）实为马来语之闽南语音译。早期新加坡地名多为马来语，“Geylang”一词是当年英国殖民者根据马来语的地名拼写。在地名芽笼一词出现前，当地已有一条名“Sungai Geylang”（芽笼河）的河流流经，河口有Polo（Pulau）Gelang（芽笼岛）的小岛。芽笼地之名源于马来语“Gelang”，除为“手镯”之意外，亦为“马齿苋”（草本植物）。芽笼河沿岸之沙地易繁殖马齿苋，故以马齿苋命名之可能性较大。1840年，新加坡市议会为清理新加坡河口，便于船只停靠，遂将河口的海上马来居民迁移至芽笼河一带，因而形成马来村落。此村落以流经当地的芽笼河命名，甘榜芽笼（Kampung Geylang）。早期的甘榜芽笼椰子园遍布，村民居住于亚答屋房子。大地主多为阿拉伯裔商人，其中最为著名者为阿裕尼（Syed Omar bin Al Junied），芽笼的阿裕尼路（Aljunied Road）则以其命名。

圣淘沙（Sentosa）岛原为海盗聚集之地，被称“绝后岛”。莱佛士开辟新加坡后在此岛建立炮台等防卫设施。日本军队侵略时，绝后岛遭猛烈的轰炸，几乎全岛动摇，但岛上的炮台仍击沉一艘日本军舰。日本军队占领新加坡后，绝后岛被用作战俘拘留营。直至日本投降后，英国军队派军队驻扎绝后岛，1967年方全员撤离。于1970年10月将绝后岛易名为“圣淘沙”，是马来语“安静、宁静”之意。1972年始，新加坡政府大力发展圣淘沙之旅游业，建有空中缆车，古炮台旧址等。

“捞鱼生”也被称为“捞生”“鱼生”，是南洋地区在农历新年期间的一项风俗，马来西亚、新加坡尤为盛行。“捞起”为广东方言“赚大钱、发大财”之意，是当地华人祈求来年行好运，庆祝新年的菜式。早期，华人在大年初七（人日）一家大小欢聚“捞生”，现今“捞生”则提前至农历除夕（大年三十）吃团圆饭之时，且贯穿农历新年至元宵节（农历正月十五）期间。

“捞生”以有生吃条件的鱼肉为主食材，搭配腌姜丝及五颜六色的蔬菜丝和水果，如青红椒、西芹、红白萝卜丝等，排列堆叠在大圆盘上，洒上白芝麻、花生碎、五香粉及胡椒粉等，淋上特制酱汁。“捞生”时围坐一桌的家人、朋友们举起筷子，将大圆盘的蔬菜丝、水果和鱼生等高高夹起后“捞”起再混合，夹起之余大声喊道：“捞起！捞起！捞到风生水起，一年好过一年！”夹得愈高，寓意来年赚得越多，心想事成，年年有余。“捞生”之吉祥菜名有“发财鱼生”“鸿运鱼生”“富贵鱼生”“兴旺鱼生”“素食鱼生”等，不仅五花八门，且富贵临门。

◎捞生

第三章

万岛之国 巨鹰翱翔

印度尼西亚（Indonesia）

“印度尼西亚”一词源自希腊语的印度（Indus）及岛屿（nèsos），指印度各岛，此名称自18世纪已存在在。英国民族学家乔治·温莎·尔耳（George Windsor Earl）于1850年发表“Indunesians”一词，但其较偏好使用“Malayunesians”指东印度群岛及马来群岛的居民。

印度尼西亚群岛是两千多年前海上丝绸之路最重要的贸易据点和人文来往基地，中华文化几乎传遍群岛各地。至今廖内群岛、巴厘岛（Bali）、加里曼丹岛、爪哇岛、苏门答腊岛等古城镇仍留有珍贵的中华历史遗迹和宝贵文物。

溯源“万岛之国”

公元前2500年，太平洋中南部诸岛的岛民开始经由中国和菲律宾诸岛进入印度尼西亚。600年，室利佛逝国（即三佛齐国）在苏门答腊岛巨港至占碑（Jambi）港附近出现。820年，印度教的马塔兰国家开始于中爪哇岛构建婆罗浮屠。13世纪初期，第一批穆斯林王国在今印度尼西亚（苏门答腊岛北部）建立。1300年，满者伯夷成为今印度尼西亚的大国。1527年，印度教的满者伯夷国败于穆斯林的淡目国，当时爪哇岛大多数人口为穆斯林。1613—1646年，苏丹·阿贡为马塔兰王国统治者、爪哇岛大部分地区的征服者。

1891年，考古学家于中爪哇岛发现著名的“爪哇人”化石。由此得知，100万年前，早期人种直立人便已居于印度尼西亚的部分地区。“太平洋中南部诸岛语族”一词与印度尼西亚人息息相关。

一小部分印度尼西亚人由群岛较早期占据者，澳大利亚的美拉尼西亚人演化而来，其后裔幸存于新几内亚岛和部分孤立地区，具有明显种群特征。在印度尼西亚大部分地区，较早的居民或经过多个世纪发展，逐渐与太平洋中南部诸岛语族混合，最终形成当代的印度尼西亚人。

印度尼西亚民族的形成与外来移民有密切关系。公元前1500年左右，因战争和自然灾害等原因，大批原始马来人从亚洲大陆南部迁徙至印度尼西亚群岛。当时印度尼西亚本地有小黑人族，尼格里多族（Negerito）和韦达族（Vedda或Wedda），其与外来的原始马来人同化或迁至偏远地区。公元前200—公元300年，一大批移民从亚洲南部移至此地，考古学家称此移民为新马来人或续至马来人。其与印度尼西亚群岛的原始马来人通婚，或将一部分人原始马来人排挤至内地，此类马来移民成为今印度尼西亚民族的主要组成部分。

关于古代马来人从何处迁徙至印度尼西亚群岛，有关学者得出三种意见。一是来自占婆，即今越南中部；二是来自东京湾（Tonkin，东京原指河内，遂统指越南北方）；三是来自中国云南。原始马来人从亚洲大陆南迁的路线大致有两条，一条从中国云南片区经暹罗、中南半岛和马来半岛，越过马六甲海峡，进入苏门答腊后向东分散至印度尼西亚其他岛屿；另一条是从中国福建、广东一带经台湾岛和菲律宾群岛，至加里曼丹、爪哇等岛屿。在古代，民族迁徙和文化传播往往借助河谷通道进行。在山岭崎岖、交通不便的亚洲大陆南部，情况更是如此。

印度尼西亚学者弗里多林·乌古尔（Fridolin Ukur）博士称，加里曼丹岛的土著达雅克族（Dayak），是源自公元前约1500年从中国云南南迁的居民。南迁分两支，一支经马来半岛至加里曼丹，另一支通过中国台湾至菲律宾。当时加里曼丹尚未形成岛屿，而是与苏门答腊一体，为亚洲大陆的一部分。今加里曼丹和苏门答腊两岛内河鱼类品种几乎相同便是证明。

15世纪初，东南亚诸国与中国相比，尚处于较低的社会发展阶段，往往一个城邦或一个部落即号称一国，社会文明程度低。如爪哇国，“国人男子蓬头，妇女椎髻，上不著衣，下围手巾”，“国人坐卧无床凳，饮食无匙箸。饭用盘盛，沃以酥汁，手撮而食”，“人吃食甚是秽恶，如蛇蚁及诸虫蚓之类，略以火烧微熟便吃，家畜之犬，与人同器而食，夜则共寝，略无忌惮”。又如占城国，史载无纸笔，“不解朔望”，其落后程度可想而知。

中国明朝郑和船队通过赏赐、贸易等途径向东南亚输出物品。据《瀛涯览胜》《星搓胜览》《东西洋考》《西洋番国志》等书记载，“计有：青花瓷器、青瓷盘碗、麝香、烧珠、樟脑、橘子、茶叶、漆器、雨伞、金、银、铁鼎、铁铫、铜钱、湖丝、绸缎、丝绵、铁制农具、金属制品等。其中尤以丝绸、瓷器数量最多”。

据《瀛涯览胜》《星搓胜览》记载，当时中国的青瓷和青花瓷器在东南亚颇受欢迎。《瀛涯览胜·占城国》："中国青瓷碗等品……甚爱之。"亦提到爪哇"国人最喜中国青花瓷器"。朴素大方、隽永雅致的青花瓷，为江西景德镇之名瓷。其虽色彩单一，但并不单调，在绘瓷工匠的生花妙笔下，浓抹淡施，美不可言。因郑和船队将大批青花瓷销往东南亚，遂使青花瓷成为东南亚各国人民喜见乐用的日用器皿和珍贵礼器。

中国明朝永乐七年（1409年），郑和奉命赐满剌加头目双台银印冠带袍服，建碑封城，建立满剌加国。接受郑和颁赐冠带袍服的满剌加头目拜里米苏剌，自"不习衣冠疏礼义"的部落酋长跃升为一国之王，其宫廷百官的服饰制度与中国明朝廷亦毫无二致。满剌加从而改变原先原始的落后状态，进入文明发达的封建社会。

郑和出使南洋，每次皆携带大量中国铜钱，或作礼品馈送，或为贸易之用。在爪哇，"国人多富，买卖俱用中国铜钱"。在泗水（Surabaya），"买卖交易行使中国历代铜钱"，"国人喜用中国青花瓷器，并麝香、锁金丝、烧珠之类，则用铜钱买卖"。使用中国铜钱，对促进印度尼西亚各岛农业、手工业和商业发展意义重大。中国的金融制度在东南亚通行数世纪，直至第二次世界大战前夕，印度尼西亚巴厘岛及小巽达群岛仍使用清代铜钱。

郑和出使西洋极大地促进中国与东南亚各国的物质文化、制度文化和精神文化交流，推动东南亚华侨移民与商业、宗教的发展。从郑和下西洋致使东南亚各国的巨大变化而观，郑和下西洋的影响不亚于一场生产技术和科学文化的革命。郑和足迹遍及东南亚，功绩让人钦佩，影响历经世代，芳名留传万世。

荷兰殖民时期的华人领袖

在荷兰殖民时期，荷兰人为方便管理今印度尼西亚的华人社区（居住区），遂建立甲必丹制，任命当地有威信、领导能力和较有影响力的华人为甲必丹，对华人社区进行间接统治。依照军事阶级发展分为不同层级，最高层级为玛腰（Major），第二层级为甲必丹（Kapitan），第三层级为雷珍南（Lieutenant），最低层级为撒真特（Sergeant）。这些华人领袖主要处理华人之间的争执与低层次的诉讼事件；记录华人社区人口变化（生与死）；主持对外与殖民当局的公共与私人事务关系，计算华人纳税数额。在征收方面有较大权力，常获得专卖鸦片、食盐、茶、花生油、酒与开设赌场等特权，并管理华人社区内庙宇、医院与墓地等，亦可作为代表与殖民当局或土邦当局谈判条件，保护华人社区集体利益等。甲必丹被当地华人视为官职，外出巡视时应使用黄伞以示尊贵地位。因享有经济特权，故华人领袖易致富或“富上加富”。

玛腰、甲必丹、雷珍南，此类“唐人王”（表示最高官阶），谱写了华人的历史功绩，展示华人进入当地社会后参与开发和建设，改变此蛮荒大地命运，使之成为富足、和谐之地的伟业。华人领袖们亦被统治当局封官加爵，辉煌历史灿烂深刻，其家族从此显赫，富裕，家大业大即为当地华人成功的标志。

自印度尼西亚独立后，玛腰、甲必丹、雷珍南等官职陆续被取消，“唐人王”的家族亦风光渐褪。古色古香古大宅，留痕留根留人意，致雅处处诉前事，正有高堂展族威，鸾鹄停峙得绵亘。苦寻宅邸为何般？惟求一窥当年芳。

1816年8月，东印度群岛重归荷兰人统治，华人地位得进一步巩固，早期印度尼西亚华人移民因无女子同行，便与当地土著妇女通婚，所育后代即为侨生（土生华人），其与马来西亚、新加坡的峇峇娘惹同源。印度尼西亚侨生以印度尼西亚语和福建话混杂的语言交流，保留中国姓氏，家中布置如传统华人家庭，有祭祀台，保持着华人勤劳刻苦的精神和追求更高财富的意志。

◎邦加文岛钟氏玛腰府邸

印度尼西亚侨生（亦称男性为“峇峇”，女性为“娘惹”）和侨生文化是荷兰殖民时期的历史产物。印度尼西亚侨生以荷兰语为主，通晓英文，为荷兰殖民者在当地开展贸易活动贡献良多，属于社会上流阶层，大多拥有优越的生活条件。

尽管部分侨生华人是印度尼西亚华人的主流和精英，积极参政，成为议员、县长、市长、副省长、部长等，但侨生华人几乎不懂华文华语，或可用华语沟通但不能书写。土生华人教育家林文庆博士指出：“一个民族区别于另一个民族的特性主要体现在三个方面，即文化、宗教和语言。如果丧失了这些特性，那么这个民族实际上也已经形存而实亡了。土生华人身为世界上最有文学修养的民族之一的后裔，绝不应坐视让祖先这神妙的语言在他们中间消失。每一位不谙华语的海峡华人（土生华人）都应觉得惭愧。华语蕴含了我们的祖先最优秀的传统，华语的修习必须受到特别的鼓励，否则，在这竞争激烈和目光短视、功利化生活盛行的时日，它将很容易就被牺牲掉。”

胜利与光荣之堡——雅加达

雅加达（Jakarta）早期为小渔村，约至15世纪建成城市。中国文献将今雅加达地区译为“噶喇吧”（Kelapa，意为“椰子”）等。16世纪初，第一批欧洲抵达者——荷兰人于今雅加达地区建立巽达卡拉巴（Sunda Kelapa）港口。

1527年，信仰印度教的万丹王国（位于今雅加达西部）法塔西拉（Fatahillah）征服了今雅加达地区。同年6月22日，法塔西拉将此城市更名为“查雅加达”（Jayakarta，意为“胜利与光荣之城”）。直至荷属东印度公司夺取今雅加达地区后，再更名为“巴达维亚”（Batavia，荷兰的罗马名称），巴达维亚亦为荷属东印度之首都。1945年，印度尼西亚独立后，巴达维亚被改称为“雅加达”，并定为印度尼西亚共和国首都。

2018年，第18届亚洲运动会于雅加达、巨港（Palembang）举办。2018年8月18日，笔者与中国代表队及香港代表队同机抵达苏卡诺——哈达国际机场（Bandar Udara International Soekarno-Hatta），一幅又一幅的亚运会大海报和各种装饰、挂饰向来宾们展示着“万岛之国”的诚意与热情。加之印度尼西亚的独立日（国庆日）为8月17日，故于亚运会期间，雅加达的庆祝氛围尤为浓厚，大型商场、写字楼、居民房、政府机关、学校、马路边等，目之所及，处处饰以亚运会会旗与标语、印度尼西亚国旗。

自佐科·维多多执政后，印度尼西亚总体国力稳步提升，经济趋以向上、向好发展，被誉为印度尼西亚版“奥巴马”的佐科·维多多深得民众喜爱和拥护。第18届亚运会期间，其频抵现场观赛，引起运动场馆内的轰动，热烈而持久。深得民心却不失谦虚，为国奉献从不止步，监督落实一步一印，是谓佐科维。印度尼西亚国民发自内心的欢呼和雀跃，笔者数次身临其境，感受最深的莫过于其在当地民众心中的重要性和认同感。佐科维真心团结国民，实意发展国家，此般收获民心之程度，无疑是其政治强能力的体现。

新明会（Candra Naya）大院位于西雅加达（West Jakarta）卡查玛达（Gajah Mada）大街188号，建于19世纪。远望之，新明会大院不仅气派，且与中式传统建筑一脉相承；走近之，幽然清静、舒畅写意，四壁悬挂有中印双语的《三字经》《孙子兵法》《论语》《莫生气》《弟子规》《朱子家训》《三十六计》《道德经》等中国古籍，亦有《貂婵拜月》《西施浣纱》《杨贵妃》和《昭君出塞》中国四大美人图，中式古色古香之气息淡雅悠扬，加之行云流水、雄健洒脱的中国书法，更助添古大院建筑的精致典雅。

传统的华人建筑，如活历史般地见证印度尼西亚早期华侨华人的历史以及华裔

◎雅加达新明会大院

对当地的贡献。华裔的强大能力不仅体现在经济建设，亦体现在管理能力。此新明会大院为荷兰殖民时期玛腰许金安（Khouw Kim An）的故居遗址，亦称“上校住宅”（Rumah Major）。1943年，许金安自茂物（又名“博果尔”，Bogor）的住所搬至此大院。

◎玛腰许金安

许金安祖籍中国福建省，1879年6月5日出生于巴城（今雅加达）的富商家庭，曾于当地的华文学校读书，后入读荷兰学校，故其熟练荷兰语。1900年3月，许金安参与创建印度尼西亚第一所华人社团——巴城中华会馆，并当选为理事。1905年被荷兰殖民政府委任为雷珍南；1908年任甲必丹；1910年任玛腰，管理当地华人社区事务。1910—1930年任巴城华人会馆主席。1918年创办巴达维亚银行。1942年，日本军队占领爪哇岛，许金安被日本军队逮捕。1945年2月13日许金安不幸病死集中营。

第二次世界大战后，新明会大院被社会团体租用为公益性组织“新明会”的基地，用于帮助华人，解决其于战争后的生活困难。三合大院亦兼具多种使用功能，如医疗诊所，后发展为医院（Sumber Waras）；运动场所，羽毛球、举重、桌球、健身、功夫；教育场所，新明会学校，小学、中学、高中，后发展为Tarumanagara大学；摄影爱好集会所；等等。1965年，新明会被更名为Candra Naya。今新明会大院已被印度尼西亚政府列为国家文化遗产。印度尼西亚作家Naniek W priyomarsono受当地政府之聘，编著新明会大院历史的书籍，并带领笔者边参观边介绍新明会大院（Naniek W Priyomarsono的女儿作英文翻译）："我用了半年的时间寻找这座Candra Naya三合大院的历史故事和资料，通过一段时间的整理写出了这一本书。

"新明会大院属于华人Khouw Kim An（许金安）的家族住所。许金安的父亲Khouw Tjeng Tjoan，死于1880年，一共有14位妻子，生育了24个孩子，而许金安是当中最出色的一位。在荷兰殖民统治时期，最富有的华人就是依靠承包税收才发达的。

"除了这座Candra Naya大院，在卡查玛达大街168号和204号，也建有大院，是许金安平均分给他3个儿子的房产。在印度尼西亚独立后，卡查玛达大街168号的三合大院重新装修后变作公立的高中学校，卡查玛达大街204号就成为了之前的中国大使馆。在1993年，新明会大院被许金安的后代卖给了华人的Modern Land集团。他们进行了修缮和改造，现在除了有这座美丽的大院以外，周围还有中式的餐厅。"

世界雷都——茂物

山间盆地茂物，几乎日日降雨，天天鸣雷，是印度尼西亚著名的“雨都”“雷都”和“避暑胜地”，环境湿润、凉爽、宜人。茂物于12至16世纪，为巽达王国的首都。据传，茂物“Bogor”源于糖棕榈树，巽达人（Sundanese）称Tunggulkawung，并大量砍伐此树用作制造薯粉、屋子等，造成今茂物地区处处皆有糖棕榈树的树桩，巽达语“Bogor”为树桩之意。长此以往，“Bogor”遂成地名。

福建籍华人潘景赫（Phoa Keng Hek），1857年出生于茂物（卒于1937年），是印度尼西亚的民族英雄，是印度尼西亚现代教育的第一位先驱。其父为荷兰政府封衔的华人官吏雷珍南。潘景赫于1901年创立中华会馆（THHK）学校，随后成立的中华会馆学校几乎遍布印度尼西亚各地，其亦是建立万隆工学院（ITB）的贡献人之一。

潘景赫曾一度要求荷兰政府关闭造成赌博馆，因其担忧赌场将影响百姓，及对社会结构造成危害。潘景赫甚至将赌场关闭造成的损失照数补偿，并谢绝荷兰政府封其为甲必丹华人官吏。潘景赫一生为印度尼西亚政府及华社立下的丰功伟绩和他自身的高尚情操，获得当地社会的广泛赞扬，是印度尼西亚民族历史的光辉。

福德庙位于Jalan Surya Kencana的唐人街内，因笔者到访日为农历初一，故庙内人流不绝、香火鼎盛，当地华人依旧保留过年过节，农历初一、十五等日子至庙宇求福求安的习俗。福德庙主

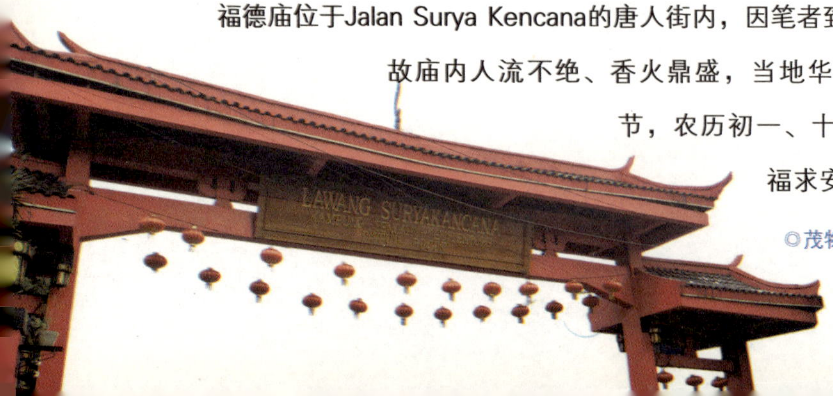

◎茂物唐人街牌楼

理人古荣兴为梅州籍人士，拿起置于桌面的旧照片，详细地介绍道："这是早期的福德庙照片，因为年代太久了，也没有办法查证这是几时拍的、谁拍的，从这张照片可以看出，当时这间庙的前面是一大片空地，什么都没有，包括现在的唐人街，根据记载，这间庙是在1672年建立的，可能我们华人在更早一点就到茂物这里生活、劳作。早期的福建人在茂物多数是在市集卖鱼干，规模很大，鱼干种类很多；客家人大概在1900年左右来到茂物，他们多数是广东梅县人，在这里买卖土特产；广府人做木匠比较多；还有山东人，他们在茂物卖布料，也有山东人在这里教武术，他们很高大，体能很好。我们华族跟友族的关系十分友善，比如像现在接近穆斯林斋月的时候，我们就会在庙的空地搭棚，每年的斋月前都会请他们到庙里用餐，很愉快。到我们华人新年的时候，他们也祝贺我们，一起庆祝。茂物的唐人街牌楼建于2005年，是茂物政府建起的，这也体现了我们华人在茂物的地位，以及我们和当地人相处融洽。"

◎古荣兴

在荷兰统治时期，印度尼西亚首都从巴达维亚迁至茂物，于茂物设立华人居住区，并日渐繁华。在茂物唐人街，一款茂物食品润饼（Lumpia Basah）让笔者为之惊喜，无论外观还是口感，皆与福建闽南的润饼相似，或因茂物润饼融入部分南洋元素， 更具当地风味。制作茂物润饼的土生华人已不晓华语及家乡话，但出自华人巧手的润饼，回荡唇齿间之味，实为对遥远故乡的怀念和对先祖的敬意。

据了解，茂物润饼的薄饼皮采用黑炭烤制，馅料有虾米、豆芽、豆薯等。于热锅凉油内放入蒜和腌制过的豆薯，共同炒熟后再加入虾米及调味料。炒出虾米香气时倒入豆芽，馅料即成。将薄饼皮铺于香蕉叶面，放入馅料"叠起"圆柱状，润饼是也。

"Lumpia"为福建话"润饼"的音译，华族与友族皆以"Lumpia"称润饼（春卷）。素食的茂物润饼深受当地各族群人士青睐，华人食品以其多样性更新了当地饮食文化，创造出独具特色的"南洋味道"。一口润饼，润及心田。细啖之，不禁忆起祖国，沃野千里，物产丰饶的中华大地，数千年延绵不绝的中华饮食，滋润了无数中华儿女，亦湿润了游子的眼眶。

光阴"泗水"静静淌

◎王钦健

泗水的爪哇语"Surabaya"意为"鲨鱼、鳄鱼"，因泗水地区原为沼泽地，有众多鲨鱼及鳄鱼出没。泗水唐人街华人以福建福清籍为主，宽广的唐人街道两旁开满各式机械零部件、布料、文具店铺等。

坐落于唐人街Jalan Kampung Dukuh Gang No. 2古老的华人寺庙凤德轩，可谓印度尼西亚华人寺庙的瑰宝之一。寺庙负责人王钦健是第二代华人，其父亲王基财来自中国福建省福清，生于1917年5月6日，逝于1989年3月15日，一生艰苦创业，深爱故乡，慈善为怀，十五岁时远渡重洋，不辞辛苦，于商海拼搏，终成印度尼西亚商界大亨。虽事业有成，王基财仍不忘热衷慈善，支持修祠建庙，与数位志士一同担起传承中华文化和宗教文化的重任，组织华人孩子于凤德轩内拾起华文课本，朗读华语。

追述先父之志，王钦健颇有感慨，父亲以无畏的胆略和智慧力挽狂澜，使印度尼西亚部分华人庙宇得以合法存在，保护了中华宗教文化。子承父业的王钦健一生坚守此座历经沧桑的凤德轩，发扬慈善为怀的寺庙精神，对中华文化、语言、历史等有独特看法："中国的现代文相较于文言文是两码事，文言文是华文的精髓，简洁明了。《易经》博大精深，解释世间万物，是古代先贤极高的智慧体现，我万分佩服。中国现在正在崛起，我们的中华文化也要'走向复兴'。华文的魅力在于可以用不同句子、词语表达同一个意思，孙中山先生就懂得用'天下为公，世界大同'。中国国家主席习近平是一个很了不起的主席，领导中国特色的社会主义。过去讲的丝绸之路，他用'一带一路'来重新定义和规划，这也是一种世界大同啊！所以中国人更要学好中华文化，学好自己祖先的宝贵遗产。旧时革命先辈救中国的事迹和方法是很了不起的，像是孙中山先生、毛泽东主席、周恩来总理等，中国一直以来走的路都是不容易的，那二万五千里长征啊！我们的印尼国父苏加诺也是这样的一位有远见和胆识的伟人，领导全印尼人民独立，建设属于自己的国家，不再被殖民者控制。"言罢哽咽流泪……

世界上首座以郑和命名的清真寺——郑和清真寺（Masjid Muhammad Cheng Hoo）坐落于泗水戛丁街2号（Jalan Gading No. 2），由印度尼西亚华人发起建造，

◎泗水郑和清真寺

寺庙右侧有郑和浮雕头像及其挂帆宝船模型，寺顶饰有龙鳞，圆形穹顶八面三层，以鲜艳的红、绿为主色调，展现东方建筑特点。

郑和品德高尚，对宗教皆一视同仁，被印度尼西亚华人尊称为“三宝大人”。其亦是一位和平使者，身为大航海家，率领舰队连续七次成功完成下西洋任务，进行丝绸、陶瓷、茶叶和药材等贸易，与所到国建立贸易往来，向世界传播中华文化，为促进中国与印度尼西亚友好关系的发展，作出积极和重要的贡献。

郑和是一位尊重他教、主张和谐、和平友好的宗教传播者。泗水郑和清真寺记载着一段航海故事：朱棣皇帝对郑和非常信任，作出了指派郑和为出访邻邦的明朝舰队总司令的决定。舰队即将从福建长乐市出发时，队员曾经为不同的信仰发生争执，绝大多数的随行人员信奉佛教和道教，他们要带妈祖上船以祈祷船队的平安，而奉行伊斯兰教的队员不同意，双方争议一时难以调解之际，郑和作出了决定，“伊斯兰教义规劝穆斯林应该尊重不同的宗教信仰”，允许船队把妈祖带上船。很多船员对郑和的这一决定半信半疑，要求举行“妈祖上船祭祀仪式”，郑和答应并主持祭奠，点了三支香向天公默默祈祷。郑和率领的明朝舰队虽保留了一些不同看法，但都保持着共同的心愿，冲破惊涛骇浪，把友好带给邻邦。以人为本的团队非常团结，为郑和七下西洋奠定了基础。

因你而名——三宝垄

郑和（Cheng Ho，1371年9月23日—1433年），云南昆阳宝山乡知代村人。其生长于回教家庭，祖父和父亲皆为虔诚的回教徒，皆曾抵圣地麦加（Mekka）朝圣，故被尊称为“哈只”（Haji）。洪武十三年（1381年），明朝军队进攻云南，郑和的父亲遇害，郑和被明军副统帅蓝玉掠走至当时明朝首都南京。郑和被宫刑而成为宦官（太监）后，被分配予燕王朱棣。郑和于宫中待人敬上接下、竭诚相对，深得燕王朱棣信任，并于1390年随朱棣前往燕京（今北京）的燕王府。

建文元年七月初五日（1399年8月6日），燕王朱棣起兵反叛侄子建文帝朱允炆，史称“靖难之变”。朱棣以燕京为基地，于建文四年六月十三日（1402年7月13日）攻下帝都应天府（今江苏南京），后建文帝不知所踪，朱棣遂登上帝位（明成祖），改年号为永乐。郑和因靖难之

◎三宝垄三保宫郑和像

◎三宝垄唐人街牌楼

役有功，皇帝明成祖遂于永乐二年（1404年）赐其姓“郑”，并升任内官监太监。据明代古籍记载，郑和“身长九尺，腰大十围，四岳峻而鼻小，眉目分明，耳白过面，齿如编贝，行如虎步，声音洪亮”。

永乐三年（1405年）7月11日，明成祖命郑和率领数百艘海船远航，一因郑和对佛教、伊斯兰教、道教认知程度深，加之其亦为佛教道衍和尚之菩萨戒弟子，法名“福吉祥”。二因郑和机智聪慧，对航海颇有研究，熟悉航海图；精通天文地理、航海术等。据《远东史》记载：“一四〇五年七八月间，郑和统率大舰队由江苏浏家港航行南下。”

满勒加（马六甲）酋长拜里迷苏勒曾率领众多民众于港口热烈欢迎郑和的船队抵达。满勒加是郑和下西洋的重要中转地，满勒加首领协助郑和舰队在当地港口四周建起数座官仓（粮仓、军火仓），满勒加与明朝可谓戚戚具尔。郑和舰队数次往返于满勒加与暹罗两国间，积极协调两国之矛盾，终使两国化干戈为玉帛。

15世纪，郑和将军首次踏抵爪哇之地。1406年，西王与东王于爪哇岛兵戎相见、互相残杀，后东王战败。郑和使团经当地东王所治地并进行贸易时，被西王士兵杀害百多人。郑和查明真相后，得知为误杀，明成祖遂责令西王谢罪并赔偿损失黄金六万两，但西王迫于国力而仅偿还一万两黄金。

◎三宝垄三保宫寺庙

1415年，明朝使节因“遭风飘至班卒儿国者”，爪哇人以重金赎回，“归之王所”，并于永乐十六年（1418年）由爪哇朝贡使臣送归明朝廷。两国之友善程度，实为深固。

永乐十三年（1415年），郑和扶持苏门答勒（苏门答腊）王子为正统国王，废除苏干勒（渔翁之子），当地百姓无不欢呼雀跃、齐声称赞。此事缘起郑和船队抵苏门答勒时，正遇当地王位争夺战。苏门答勒国王被那孤儿国的花面王所杀，但苏门答勒王子锁丹罕难阿必镇碍于年龄尚小，无法对抗。苏门答勒国王之妻遂宣言愿为报仇者之妻，并共治其国。一名渔翁自告奋勇，果真杀败花面王。苏门答勒国王之妻践其所言，渔翁为王，并向明朝进贡。待锁丹罕难阿必镇渐大，与其部属弑其义父而为王。渔翁之子苏干勒则自立一寨，谋报父仇。直至郑和使团抵当地时，锁丹罕难阿必镇以其王子身份向郑和求助，郑和于中协调未果，并被苏干勒索宝船之珍宝。随后野心勃勃的苏干勒率部下袭击郑和使团，郑和早已部署兵力，严阵以待。此正义之举获当地民众支持，事件以苏干勒被生擒而终，锁丹罕难阿必镇成功维护统治，苏门答勒王国亦与明朝结下深厚情谊。自17世纪起，三宝垄已成为繁忙的香料转口港。

三宝垄一名源于郑和本名“马三宝”，其曾于今三宝垄登陆。三宝垄北部为平坦的海岸，南部则是从Candi Baru向上至Ungaran的山地，呈“凹”字形，似龙脊，故当地华人亦以“垄川”称之。

三宝垄寺庙（Sam Poo Kong）亦被称为“石头楼”（Gedung Batu，因寺庙内有石洞穴），位于三宝垄西部的JL. Simongan。1416年，郑和舰队于海上航行时，一位船员突然病重，郑和遂下令停泊于Simongan海滩，故今三宝垄西部的Simongan村庄被视为郑和舰队之抵达地。不久后，郑和率舰队续航，其部分随航者留于今三宝垄定居，并与当地女子通婚，繁衍生息。

三宝垄春卷（Lumpia Semarang）为三宝垄家喻户晓、历史悠久，见证中华饮食文化融入当地的代表性食品。当地人谈及润饼“与印尼其他地方的润饼相比，三宝垄的润饼有它的独特味道，润饼已经成为三宝垄很流行的特产。三宝垄的润饼有竹笋，所以会散发独特的气味。在雅加达，就会用山药代替。三宝垄的润饼的内馅有竹笋，豆腐丝，虾和鸡蛋。而且三宝垄几乎所有的春卷都是清真食品，但也有一些商贩用猪肉做内馅。三宝垄的润饼有蒸的和油炸的，这两种春卷都可以就着酸甜的酱汁、生葱或者腌黄瓜一起吃。”

◎三宝垄春卷

油田重镇——炽布

炽布（Cepu）处于中爪哇东部与东爪哇交界之地，因存留丰富的石油田和森林资源，故当地成为荷兰殖民统治时期的重要城市之一。荷兰殖民者于炽布铺设连接东爪哇的铁路线，便于各项物资及交通的运输。荷兰殖民者亦在炽布开办石油工厂，招揽众多中国籍的木匠、铁匠及劳工至当地工作，从炽布现存的华人墓碑所铭刻的年代可推测，大批华人于1930年左右抵炽布劳作，或为更早期。

广东梅县籍华人杜国章为炽布镇内鲜有通晓华语华文和客家话者，初见笔者时，杜先生的喜悦之情溢于言表："我的华文读到小学四年级，我很喜欢华文，所以常常自学，或者和中国的朋友多聊天。我家里有很多中国的水墨画，我很喜欢欣赏中华艺术。我有很多中国的'兄弟'，他们都在中国东北的大庆，我前几年还有去大庆探望他们，我还去了广州、北京和上海，中国建的高铁实在是厉害，让我很震撼。几年前，中国某公司的员工到炽布这里工作，他们来自大庆，在机缘巧合之下就认识了我，也是因为他们，我的中文才有这么大的进步。

"我的父亲是从中国广东梅县来的，当时是因为炽布有一家同样是姓杜的梅县华人开办的肥皂厂，规模挺大的，缺人手，所以就回去家乡叫一些同乡来帮忙。我的父亲在肥皂厂工作了一段时间后，就把我的母亲从梅县接了过来，后来我就在印尼出生了。炽布的华人有客家人和福建人。

"有一件事情让我印象挺深刻的，大概是在1963或者是1964年，中国和印尼的

◎黄明娘

关系非常好，很融洽，所以在那时的印尼国庆节的时候，首先把印尼国旗升起之后，华侨华人可以自愿升起中国国旗。现在有了‘一带一路’，两国的关系更紧密了，和平相处才是有利于两国的。”

黄明娘老人是祖籍中国福建省的土生华人，父亲黄源英是荷兰殖民时期，管理炽布华人社区的“老爹”（Lo Tia）；伯父是牙威（Ngawi）的雷珍南。从其所居之屋，仍可窥当年大户人家的点滴痕迹。黄明娘老人不熟悉华语，依稀所记之事仅能以炽布当地话慢慢道：“我出生于1944年，我的爸爸是这里的华人领袖，这间房子我出生时就住在这里了，当时我们家族是一个大家族。我们家现在虽然信仰基督教，但是家里的大厅正中还放有神台，放了我爸爸妈妈的照片，神台没有香炉，我们以前不是基督教徒，后来才是。到了我的哥哥去世时，我们就把家里的香炉一起放进去埋葬，代表后代就不用再拜拜和祭祀了，这是这里土生华人的传统做法。但是我们每一年还是有拜拜，是烧香祭拜的，就在华人过新年的时候。”

◎黄明娘家宅

爪哇文化之乡——梭罗、日惹

梭罗（Solo），又名苏腊卡尔塔（Surakarta）。

苏腊卡尔塔Radya Pustaka博物馆（Museum Radya Pustaka Surakarta）成立于1890年，是印度尼西亚继国家博物馆后第二座历史悠久的博物馆，主要藏品为古代爪哇文和荷兰文的各类文学作品及文物，并于1913年1月1日，搬迁至荷兰人Johannes Busselaar的住所。

笔者曾于苏腊卡尔塔Radya Pustaka博物馆后巷两排置放有石雕和石碑的文物中，寻出七座华族石碑（六座为华族墓碑，一座为普通石碑）。博物馆方表示，存于馆内的数座华族墓碑原置于今博物馆后院，但因博物馆于2014年扩建，范围涉及后院，故将后院中的全部石雕和石碑（包括华族石碑）掘起另置。华族墓碑及石碑置于苏腊卡尔塔Radya Pustaka博物馆使笔者产生诸多猜想。首先，华族先贤抵爪哇之地闻名于郑和下西洋时期，多聚集于爪哇岛北岸地带，即如今三宝垄、泗水、拉森、雅加达、丹格朗（Tangerang）等，梭罗、日惹等内陆的华侨华人在爪哇地区则相对数量较少。华侨华人在南洋地区“再迁移”之因有多种：第一种是明朝时期抵爪哇岛北岸的华族续往内陆迁移；第二种是因战争、暴动等而被迫迁移，如红溪惨案等；第三种是殖民政府或当地政府的政策；第四种是华族因生意、生活等主动迁移等。加之印度尼西亚曾爆发数次排华动乱，华人之书籍、文物等被销毁，亲历者已逝等，使得考究中爪哇华族移民之路困难异常。部分华人老者及些许历史记录同指，在1740年左右，华族大量移民至中爪哇，奠定了部分华人今生活于中爪哇的历史基础。

再观苏腊卡尔塔Radya Pustaka博物馆的六座华族墓碑，其中五座墓碑之主来自“壶”，即今中国福建省漳州龙海角美镇西边村壶屿社。另一座墓碑上方铭有“龍山”字样，墓主为曾氏人，其祖籍或为今中国福建省漳州市南靖县龙山镇。六座华族墓碑中，最早的墓主为清朝光绪五年（1879年），且墓碑中无相关记录，无法推测其是否于1740年之前至梭罗及其迁移概况。

◎爪哇皮影戏

因缺乏博物馆所在的荷兰人Johannes Busselaar住所相关记载，故无从得知为何住所建于众石雕和石碑前地。博物馆工作人员亦表示，在博物馆扩建时已寻华族墓碑主的后人，但部分无法寻得。

◎吴仁全

爪哇皮影戏为爪哇文化之代表，不仅历史悠久，且流传甚广，而爪哇皮影戏（Gunungan）则为爪哇地区皮影戏之标志。以山之形状述人间百态，观百样面孔，祖籍福建的侨生华人吴仁全是爪哇皮影戏资深演员及学者，其于梭罗孔教会会议室，在吴考哲先生的翻译协助下与笔者分享道："我是大概第四五代华人了，我的家乡话我不会讲，华语我也不会讲，这件事情是遗憾的，因为我小时候家里都是讲印尼语，学习也是印尼文，所以我就不能够讲，但是一点华语我是会听的。爪哇的文化在中爪哇地区非常深厚和悠久，现在印度尼西亚各个地方的皮影戏就是从爪哇这里传出去的，而爪哇的皮影戏大概是在苏丹帕库布沃诺四世（Pakubuwono IV）的统治时期在爪哇流行的。爪哇语分为了很多种，大概是两种类型，雅言和粗言（Ngoko）。雅言有初级雅言（Bogo）、中级雅言（Kromo）和高级雅言（Kromo Inggil）。我演的皮影戏大部分就是用爪哇语来演的。

"爪哇的皮影戏来自于古印度，现在我们演出的就是原原本本的古印度故事，但是有加入一些爪哇元素，乐器就是用爪哇本地的传统乐器（Samelah）。事实上，皮影戏就是现实生活的反映。爪哇皮影戏里面有很多东西，像是有一只老虎和一只牛，还有两个守卫看管门口，有很多树代表森林等。爪哇皮影戏里面的像是龙的动物不是龙，而是蛇，它是青色的。与中国的龙不同，印度尼西亚的龙没有四只脚，而且是戴皇冠帽的，戴皇冠帽就是王的象征。印度尼西亚有龙很可能是受中国文化的影响，是郑和带过来的。"

◎叶鸿俊（Yap Hong Tjoen）

日惹叶医生眼科医院Rumah Sakit Mata“Dr. YAP”Yogyakarta是当地的历史宝库，亦是华人建设和发展印度尼西亚的有力见证。闻名多地的Rumah Sakit Mata “Dr. YAP” 以“叶姓”为名，叶姓人无问所得，只为贡献，给日惹民众带去光明，送予关怀，其卓越功绩，尤值印度尼西亚国民深记，此人为1885年3月30日出生于日惹的华人叶鸿俊（Yap Hong Tjoen）。在荷兰殖民时期，叶鸿俊接受荷兰教育，直至1919年1月24日，其以青光眼病论文获眼科医生之称。叶鸿俊共有两任妻子。第一任妻子陈秀丽生育三名孩子，其中一名为叶启中。叶启中曾于荷兰留学，于1948年取得博士学位（眼科疾病领域）后返日惹。

叶鸿俊成长于印度尼西亚受荷兰殖民时期，曾见众多当地人民因社会经济水平低，物质十分缺乏，导致疾病缠身，眼部疾病频生却无从医治。据记载，当时大多数病者患沙眼和维生素A缺乏症。因此，救治日惹当地眼疾患者，建立眼科诊所便成为叶鸿俊的梦想。叶鸿俊于1919年获得博士学位后，遂返抵日惹，与数位华人和荷兰人一同创立眼科专家协会，目的是为帮助眼疾患者、消除失明、改善盲人命运、推动眼部科学发展。眼科专家协会的总部设在巴达维亚，由董事长许金安（雅加达玛腰）和十名委员组成，叶鸿俊即为委员之一。

1921年，叶鸿俊于日惹开设眼科治疗中心（后用作贡多拉尤邮局）。1923年3月22日改为殖民政府的医院（今叶氏眼科医院前身）开业，医生凭借专业知识，为每个患者尽心服务，对待所有患者一视同仁。兢兢业业、仁心仁术的叶鸿俊医生如英雄般存在于日惹民众心中，为他们带去光明和希望。

在日本军队占领期间，殖民政府的医院更名为叶氏医院，取自医生叶鸿俊之名。1949年，医院仅有2名眼科医生，即叶鸿俊和儿子Yap Kie Tiong（音译：叶启中）。随后，叶鸿俊完全授权于Yap Kie Tiong眼科专家协会和Eye Hospital Dr. Yap等管理权力。同年6月，叶鸿俊离开日惹抵荷兰居住，直至去世。Yap Kie Tiong继承父亲之志，弘扬救死扶伤、医者父母心的精神，直至其于1969年1月9日去世。

笔者曾缓步于Rumah Sakit Mata “Dr. YAP” 医院内，不断环顾四周，喜悦与激动之情难以言表，望着 “Dr. YAP” 的标志，久久不愿离去，心中满是骄傲，向医生叶鸿俊深深致敬！这是一座与华人有关的医院；这是一座有华人奋斗史的医院；这是一座展示当地民族友好相处的医院。

Bakpia是福建话 “肉饼” 的谐音， “Bak” 为 “肉类” 之意； “Pia” 为 “糕饼” 之意，合意为 “含肉类的糕饼” 。早期在日惹的Bakpia饼铺多为华族商人所

◎糕饼（Bakpia）

有，Bakpia由中国福建籍人士带入南洋地区并广泛流行。日惹的Bakpia结合制作者所在的街道或村庄命名，加以生产者“门牌号码”或姓名标记，如25、75、88等。Bakpia内馅原以猪肉填充，但因当地居民多为穆斯林人士，故内馅改作绿豆，与中国广东潮汕地区的绿豆饼极为相似。

赤道线上的首府——坤甸

坤甸（Pontianak）位于加里曼丹岛，是西加里曼丹省首府。明朝人以婆罗洲（加里曼丹岛）为界，婆罗洲以西称“西洋”，婆罗洲以东称“东洋”，故以此定义郑和下西洋。

有言“Pontianak”一词源于当地马来人的民间传说。即当地一女子在妊娠时遭到迫害（一说是丈夫遗弃），导致自己与胎儿死亡。因怨念极深，其化作身穿白衣的厉鬼专门在夜间用各种声音吸引人后食用。不久后，第一任马来苏丹（1771—1808年）用法术将此女鬼镇压在卡江（Sungai Kapuas）中的一座小岛之下，得以短期平静，但女鬼怨念仍然未消，变作兴风作浪的水鬼。最终，在迁自中国妈祖庙内的妈祖与观音先后指点下，白衣女鬼断怨念、离苦海，改邪归正成为神仙——白衣娘娘。

在旧时，坤甸的华人社会分为两个帮派——客家帮和潮州帮。帮派的划分以被称作印度尼西亚第一大内陆河，坤甸的“母亲河”——卡江（Sungai Kapuas）为界，分为老埠头（潮州帮）和新埠头（客家帮）。老埠头是潮州籍华人的聚居地，潮州话为主要用语，客家人也不例外，甚至连友族人士也使用潮州话。沿卡江而上，生活在沿途两岸的华人大多为客家人，用坤甸式客家话沟通。坤甸还有以广府华人为主的小村落，其传承广府人的舞龙舞狮文化，于坤甸发扬光大，并传授于客家华人和潮州籍华人。

客家人在婆罗洲的筚路蓝缕与其在中国内陆地区从事开垦、拓荒、傍山而居的族群习性有密不可分的关系。不仅习惯在条件艰苦的环境中谋生，还为生存而同其他族群抗争，建立武装。在客家人初踏婆罗洲的岁月，当地土著达雅克族是客家人的主要竞争对手，有趣的是，早期的客家人娶当地达雅克女子为妻，使得族群之间的关系变得微妙，此种既竞争又相互融合的状况间接成为客家人在婆罗洲的生存策略之一。

◎坤甸赤道纪念碑

在坤甸市区老埠头，沿街可见与中国祠堂类似的各姓氏会所，如林氏会所、吴氏会所、郭氏会所、邓氏会所、余徐佘涂氏公所等，皆由西加里曼丹孔教华人社会组织总会负责组织管理。18世纪，华人社会组织在坤甸遍地开花，其活动主要为加强联络、举行祭祀和协助办理殡葬丧事。

1976年，西加里曼丹山区发生“难民潮”，山区华人纷纷弃家逃亡，以致大批华人难民涌入沿海城市如坤甸、山口洋等地。数以万计的难民流离失所，衣食不继，营养不良，疾病多发，死者众多。当时坤甸各族秉持人道主义精神，成立一个没有族群、血统和宗教区别的可供收容难民的基金会，名为Yaysan Bhakti Suci，主要协助难民办理丧事，援助其生活。基金会下设有伊斯兰教、基督教、天主教、佛教、兴都教和孔教部门。在发展过程中，孔教处理安葬事宜较为活跃，故孔教会之名沿用至今。

伟大教育家孔子先生提倡“仁者爱人”，以“仁爱”之心去尊重人、理解人、关心人、爱护人、帮助人的思想，是中华民族传统美德的道德遗产。作为华人社会组织，不仅关心、关爱印度尼西亚社会，且主动肩担起服务印度尼西亚社会的各项工作，如赈灾工作、慈善工作、教育工作等。华人社会组织经常联合医疗机构为众多分散在各地区的贫苦民众提供免费医疗救助，以及向孤儿院和老人院提供援助，为孤苦无依的逝者处理安葬事宜。此外，华人社会组织还与民事注册局合作，方便市民办理出生证明、居民证和户口证明等，为市民提供简便的注册手续，减轻办理证件的负担。为协助印度尼西亚政府推动华文教育，华人社会组织积极呼吁各社团开办华文补习班，协助学校开设华语课程。“以爱之名”践行社会责任的华人社会组织受印度尼西亚社会各界人士的极大好评和赞扬。

位于坤甸市区老埠头盛喜路（Jalan Sultan Muhammad）内，已有300多年历史的三神宫正座供奉着天后圣母神像，三座供奉主殿有天后宫、大伯公庙和太子爷庙。

天后圣母于康熙十二年（1679年）由中国迁至坤甸，在当地华商的大力支持下及在孔教华社总会时任总主席洪周武与政府的交涉下，展开数次重修，得以完好保存，香火鼎盛。天后圣母一般指妈祖，妈祖相传为宋朝时期孝女林默娘，福建省兴化府莆田县人，生于宋太祖建隆六年（960年）农历三月廿三日。有千里眼及顺风耳的特异功能，屡次救海上渔民、商人，却在一次救亡中不幸逝去。历代帝王（宋朝、元朝、明朝、清朝）加以诏封廿十八次，在清朝（1616—1911年）年间便有“天妃”“天后”“天上圣母”的尊称。妈祖与孔子、关帝等共同被列入朝廷祀典，人们每年举行春秋致祭，此即为众多“天后宫”名称之来历。

后随西加里曼丹逐渐成为南洋贸易站点，吸引众多华人至此，但于发展的过程中，华人死伤数量多。有传说指每日下午四五点钟之际，不少商船经过卡江某地段时（今三神宫之地），无故失去方向被漩涡卷至水下，导致船无人亡的惨剧。为保庇船民的安全，当地侨领建议在卡江的出事地段处填土造田，将妈祖庙迁移至盛喜路，迁移后风平浪静，安然无恙。广肇会馆为答谢妈祖之佑，赠予“湛恩海甸”的匾额。

2012年9月24日（农历八月初九），三神宫被第四次重修，采用“四角天地久久长，后山更比前山高”的布局。首先，在三神宫内位于妈祖庙两侧的“龙井”与“虎井”上方开辟天井，使阳光透过天井照射入庙堂内。而后，将三神宫的后部殿堂加高，使建筑在侧面视之，有后一层高于前一层的叠层格局。早期荷兰东印度公司以坤甸为中心，统治西加里曼丹后发现，当地华人控制绝大多数的商贸，导致荷兰人于此地的商贸扩展受阻碍。因此，时任甲必丹邀请风水大师秘密地在三神宫的后侧（后侧有三个神像）埋放三个铁盒（盒内所装何物至今未公开），意味着“西加里曼丹华人永无出头之日”。印度尼西亚独立后，此传说随时间的流逝而被人们淡忘。但在三神宫进行第二次重修时，当地人员发现有荷兰人所埋藏的“三个铁盒”，挖出铁盒后便在三神宫的后侧加建一层，形成“后山更比前山高”的格局，意味着将所谓“西加里曼丹华人永无出头之日”的诅咒打破，有象征“一代打拼，二代享福，三代更繁荣”的新寓意。

“千庙之城”——山口洋

©山口洋观音堂

位于印度尼西亚西加里曼丹省北部的滨海城市，西加里曼丹省的唐人城——山口洋（Singkawang），素有“千庙之城”之称，几乎随街可见佛教、道教、孔教寺庙，上百座寺庙已成为山口洋市独特的风景线。寺庙气势恢宏、美轮美奂，环境宁静、清幽且不失庄重。每每踏入其中，心态安然、豁然开朗，华人寺庙似乎有种魔力，总给人希望、心安的力量。当地华人称山口洋的寺庙从“唐山”而来。众多上百年的寺庙，带给他们的不仅仅是精神支柱和信仰，“唐山”一词更是充分体现出当地华人对故乡最直接、最深沉、最富有形式的怀念。

山口洋大体划分为老埠头和新埠头。18世纪上叶，中国广东河婆籍人士开始登陆西加里曼丹鹿邑（Monterado），以开掘金矿为生。随后，河婆人开始聚居山口洋，以耕田、养猪、种菜为业。基于共同语言、乡俗，彼此“同乡同气”，浓浓的河婆乡情使其一同聚集，团结奋斗，逐渐形成河婆族群区，发展出山口洋著名街道——河婆街。

山口洋新埠头于第二次世界大战后方逐渐发展，新埠头的三条主要街道呈“川”字形，中兴街发展较早，其余两条街道为亚答街和华都街。中兴街乃新埠头旧时最为繁盛的商业、住宅大街。早期的新埠头为荒地一片，少数华人在此种菜为生。为获取肥料种菜、施田地，菜农们搭建有许多“屎缸”（厕所），供人方便，渐成为新街道。初时取名为“屎缸街”，由于过于粗俗，有欠文雅，遂更名为“中兴街”，寓意市中心兴旺之街。中兴街口有一座闻名遐迩的大伯公庙，平时香火鼎盛，每逢农历正月十五元宵节，“诸神”在此汇集，热闹非常，为山口洋一大盛事，而大伯公庙亦成为山口洋地标之一。

18世纪，中国曾掀起出洋开金山的热潮，众多华人慕名前往旧称婆罗洲的加里曼丹岛参与开发金矿，西加里曼丹省的伟大领袖、华人先贤罗芳伯是当时享负盛名的“兰芳公司”创始人。先贤罗芳伯带领华人劳工抵达被誉为“金山”的婆罗洲开荒殖垦，做出积极且显著的贡献。今加里曼丹岛各地区山口洋、坤甸以及马来西亚古晋、诗巫、山打根等皆可见华人开设的金铺，成行成市，历史悠久。笔者猜测，此现象应与早期“淘金热潮”有密切联系，作为产金之地的加里曼丹岛，金器似乎已成为当地的“特产”。

位于山口洋市布迪武朵莫街（Jl. Budi Utomo）的谢家大院建筑年份久远，饱经沧桑。据当地华人讲述，谢家古屋大院始建于1901年，1906年落成。旧时，大院前的河流水深河宽，船只来往不断，不少船只选择在大院前停泊，越来越多商家聚集，谢家大屋渐成为商家们的“中转站”，用于歇脚、谈生意。

谢守时是谢家大院的主人公，来自中国福建省厦门市海沧区渐美乡。其出身贫寒，时年中国战乱、天灾频发、人民疾苦，加之爆发大饥荒，遂毅然南下南洋。谢守时首先抵达马来半岛的马六甲，虽立志脱贫致富，但苦力的工作不能助其实现理想，于是谢守时再次南渡至荷属东印度的西加里曼丹山口洋。因当地无过多移民人口，故其紧抓机遇苦心经营种植园，销售日用品及土特产，收入相当可观。不久后，位于山口洋东边5350平方米的地皮归入谢守时囊中，宽敞的谢家大院被建起，供家人及谢姓同宗人居住。因临河，大院成为谢家的商店和仓库，经山口洋的船只皆由此过，使得谢守时的生意越发兴旺。

走进这座四合院式的百年历史大院，扑面而来的古色古香使大院更添宁静、古朴。主屋的摆设和挂于墙上的谢守时夫妇像，使人顿生肃穆之感，道门旁挂有金色汉字墨宝，象征着吉祥如意。今大院住有谢家同宗家庭，每日清晨为祖先烧香是谢家人必做之事。因家族庞大，不少谢家后代已散居各地，但宗亲血脉乃无法割舍，他们逢年过节皆团聚于山口洋。历经磨难，祖先的成功史激励着子孙后代，而见证风雨沧桑的谢家大院依旧坐落在山口洋的东边，向世人诉说着属于它和那个时代的历史。

◎山口洋谢家大院

山口洋客家华人承袭部分中国广东河婆的婚俗，结合地方特色，从而形成山口洋客家华人婚礼婚俗。若家中有女出嫁，出门时新郎需在女方家大门正上方挂上红绳，女方家门将一直挂着红绳，至新娘离世后方可卸下。新娘出嫁前需在家中与胞兄弟姐妹同食“姐妹饭”，放置红包于“姐妹饭”四周，红包数视兄弟姐妹数量而定，食完“姐妹饭”后家中兄弟姐妹各自收下红包，寓意兄弟姐妹情深，共同祝福新娘。新郎至女方家后与新娘一同拜别（岳）父母亲，并敬茶、鞠躬以表感谢养育之恩。新娘带上嫁妆抵达男方家后，与新郎共同向家公、家婆（父母亲）敬茶。新娘的行李箱内需装入现金，以表旺夫家。当地婚宴形式多种，可邀请亲朋好友至家中享用自助餐或在饭店定酒席等，视主婚家庭意愿。在山口洋，新人夫妇除互敬交杯酒外，也有新郎新娘互喂面包的形式。

◎“姐妹饭”

赤道翡翠——苏门答腊岛

亚齐位于印度尼西亚西部，苏门答腊岛北端，因西北临印度洋，东北临马六甲海峡与马来半岛隔海相望，加之为欧洲人航海南行必经地，亚齐与印度、阿拉伯来往频密。亚齐同中国之交往历史悠久，中国南北朝法显、明朝航海家郑和下西洋皆曾停歇此地。唐宋时期，南洋地区被分为三佛齐、亚齐、巴东（Padan）等国，诸国各为其主。亚齐王曾进贡明朝（明朝宣德年间），但于明朝宣德十年（1435年）停止进贡，明朝成化二十年（1484年）又重派贡使至广东。自明朝航海家郑和下西洋，经亚齐停泊，以伊斯兰教之礼仪习俗与亚齐王族和民众交往计起，亚齐人与华人至少有五百年友好交融、和睦相处的历史。

亚齐地区华人多为客家人，通用客家话（亚齐语和印度尼西亚语等混合）交流，广东顺德籍华人老伟富是第三代华人，有出色的华语能力，兼担任中华人民共和国驻棉兰总领事馆的翻译工作。其父亲老仓民因参与海啸救援后勤及翻译工作而闻名于亚齐华人社会。

追念起先父，老伟富先生谈道："我的爸爸在2004年那场海啸发生后当了中国救援队的翻译，为中国救援队工作的顺利开展，作出了贡献。之后就和中国救援队结下了友谊，在救援工作结束后时常往来。我们家算得上是亚齐少有的以华语作为交流语言的家庭，因为亚齐华人多客家人，其他籍贯的华人也是用客家话沟通的，我也会客家话。小时候，我的姑姑和爸爸都会讲华语，家里面经常放华语歌曲，我们小孩子也跟着唱。有一次，我的姑姑就说：‘我们都是华人，我们都会讲华语，为什么不在家里讲华语，同时也教会小孩子华语不是更好吗？’我的爸爸同意了，从此之后，除了我的爷爷讲广东话以外，几乎都是讲华语。当时我真的很不明白，为什么要我们讲华语，稍微大一点后总算知道，我们身为华人，理所应当学习母语。前几年，我的父亲是因癌症去世，他没有留下任何财产给我们兄弟姐妹，他曾经说过：‘我把钱给你们补习华文，把你们全部送出国外读书，我的责任已经尽了，以后的人生，你们自己掌握。’当时我们兄弟姐妹补习华文，一个月的花费在当时就可以买一台质量好的摩托车，以前就相当于每个月送出一台摩托车。之后我去了中国台湾读大学，其他兄弟姐妹就去了中国其他地方。我之前很不理解爸爸，但现在总算明白了他的用心良苦，华文就是一笔无形的财富。”

笔者曾与亚齐客属基金会主席古启祥先生、亚齐客属基金会秘书长李庆昌先生、Peunayong村村长T·Sabri Harun·Saj先生会面，老伟富先生辅助翻译。

客家华人古启祥先生不懂华语，便用客家话介绍道：“亚齐的印尼语是ACEH，它有含义的，A代表Arab即阿拉伯人；C代表Chinese即华人；E代表European即欧洲人（大部分葡萄牙人）；H代表Hindu即兴都教（印度人）。以前亚齐作为贸易地点，很多人种都在这里聚集，所以现在的亚齐民族和亚齐语是掺杂有这四个国家。亚齐有将近十个土著族裔群体，他们多数按照伊斯兰教法的习俗和法律生活。亚齐的华人有客家人、福建人、海南人、广府人、潮州人、兴化人等。我们亚齐客属基金会在亚齐算是较为完备的华人社团了，毕竟这里是以信仰伊斯兰教为主的地方，所以我们亚齐客属基金会不只是客家人的联谊地方，还是各籍贯华人活动的地方，有舞龙舞狮、跳舞、演奏乐器等。我们充当了联谊亚齐华人的桥梁，毕竟华人都是一家人，是华夏儿女。同时也联谊亚齐族等友族。”

T·Sabri Harun·Saj先生喜爱中华文化，待华族如兄弟般亲切友善，极乐意向大众宣传Peunayong村及华人文化：“‘Peunayong’这个词在印尼语中是没有意思的，但是在亚齐语中就是‘雨伞’的意思。或许是这个村有多个宗教和种族，就要撑起雨伞那样去保护它。从客观上看，现在的亚齐人虽然有自身的语言，原则上亚齐人和华人是一家人。Peunayong村是我们当地著名的华人村庄，包括亚齐客属基金会和班达亚齐的唐人聚集区都在我们村的范围内。2011年，亚齐政府拨款举办了第一次舞龙舞狮表演活动，目的是将我们村多种族、宗教融合推广出去，成为示范村，但是第二年要举办的时候却因经费不足而停止，所以我非常希望能有热心人士扶持一下。我时常和华人长辈们下中国象棋，虽然我看不懂象棋的字，但是我认得出它的位置摆放，知道中国象棋的规矩，所以我在去年参加了以亚齐客属基金会名义举办的象棋比赛，和各族友人一起下中国象棋，我感到很开心，我最后拿了第三名，我决定以后每年都参加，争取更好的成绩。”

©Peunayong村村长
T・Sabri Harun・Saj

笔者曾在亚齐客属基金会舞龙舞狮队的队员带领下观看训练，舞龙舞狮队由华人和友族人士组成，充分展示了民族融合、包容。但他们所用的乐器和设备有部分已残旧

©亚齐客属基金会舞龙舞狮队队员训练

不堪，但其仍继用无碍，问其何故不更新，队员答：“我们有买新的，但是只买了一两个，我们不舍得用，留到有表演的时候再用，这些东西虽然破了，但是还是可以用来训练的，我们练的是基本功和默契，东西破了用习惯就好，不要浪费。”听罢，瞬间涌出的心酸“淹没”了原有的感动，远在异国的苏门答腊岛最北端，一群不分种族的青年不懈地继承着中华传统遗产，即使条件困难亦不言弃，还乐在其中。

2004年12月26日，雅加达时间上午7时58分55秒，印度洋发生震源位于3° 19′ N 95° 51.24′ E，震中位于苏门答腊岛西160千米、震源深度为30千米、矩震级达9.1的大地震，引发高达三十余米的海啸，波及范围远至波斯湾（Persian Gulf）的阿曼（Oman）、非洲（Africa）东岸的索马里（Somalia）及毛里求斯（Mauritius）、留尼旺（Reunion）等国。

“Tsunami”为印度尼西亚语“海啸”之意，当地人亦将此次海啸简称为“Tsunami”。2004年后，亚齐存在许多看似湿地的黑土地，它们实为海啸后海水浸泡之地，该海啸波及范围之广、影响之大，无不触目惊心。一排排残败房屋重现着生离死别的那个瞬间，当地华人解释道：“现在你所看到的这些破旧没有人住的房子几乎都是遇难者的家，他们可能全家人都不幸遇难了，或许一些生还者不愿再回到‘伤心地’。在Tsunami海啸中，有数不清的家庭一下子消失了，他们的房子也没有人去修补、重建和打理了。因为我们印尼政府规定，一旦你拥有了这个房子，房产的归属权就永远是你的，还有你后代的。我想，这些房子应该会一直这样没有人理了。”

◎赖慧英

Tsunami海啸的亲身经历者，广东惠阳淡水籍华人赖慧英女士悲恸难忍，声泪俱下地讲述道：“2004年的那场海啸改变了这里的一切。海啸造成这里一夜之间几十多万人死亡。我感到很恐怖，很难过。2004年12月25日星期六，是我大女儿结婚前一天的日子，很多亲戚朋友都来，很热闹，我们和他们一起去了海边，当时海边有从加里曼丹来的船，是用来发电的，因为当时亚齐时常没有电。

到了26号星期天，早上都有很多人去海边玩，当时我在巴刹（市场）买菜，七点多的时候就开始地震了，整个巴刹都在震，但是我们还不知道会有海啸。当时在海边的人就看到海水退到很远，鱼类都在乱跳。没多久海啸就来了，大概在八点四十五分的时候，就涌来了三次海水，当时的海浪有几十米，有一颗椰子树这么高，一冲下来，在海边的人就死了。那些房子的门和屋顶都被海水冲烂，那些垃圾全部都涌上来了。我清楚地记得第一次海水涌来的时候是慢慢地，到第二次的时候就变强了，第三次的海水更强了，那些海水像魔鬼一样，黑黑的。我有问过那些喝到海啸水的人，他们说海水很辣，也很冷，因为地震是海底的火山爆发，水里面含有硫，海底火山位于西部的亚齐海底，所以亚齐的灾难程度比起其他地方更严重，死亡的印尼人和中国籍人总数大约有几十万。这次的海啸持续了20多分钟，如果持续半个多小时，整个亚齐都可能没有人了。

“我们全家都觉得非常幸运，因为我们是25号去的海边，26号在家里，因为26号是我大女儿的结婚日子。我的家在河边，发生海啸以后，河里就漂有很多垃圾，

◎因海啸而被船冲毁的民房

还有尸体，还有一些半生半死的人，足足漂了3个多月。我们全家就帮忙救人，救了有30多个人了。我的儿子是医生，他更是拼命救人，非常累了他都不要休息。之后我们就去亲戚那里，才知道帮煮饭的工人（华人）死了。听到这个消息，我的外甥女就哭了，她讲，'有那个阿姨就是有我的妈妈，有我的妈妈就是有我的爸爸'。我就安慰她，说明天我们来去找爸爸妈妈。因为这个外甥女是我帮忙照顾的，所以她跟着我的。她的妈妈赖金英是我的姐姐，海啸发生的那天刚好她在的那个村庄是受海啸影响很大的。听说，当时海啸来的时候人家叫她'阿金姨快点走了，海啸要来了'。她没有走，因为第一次的海水不大，所以她不相信。等到第二次海水来的时候就来不及了，第三次就被海水淹掉了。当时我的姐姐还没有死的，有救援船救她，但是因为她喝了很多海啸的水，身体不舒服，就睡了，在睡觉的时候就死了。我的姐夫名字叫伍月鑫，因为找不到他的尸体，所以就没有了他的消息，我们也找到了外甥伍庆喜的尸体。

"到了海啸发生第49天的时候，我和我丈夫再去我姐姐去世的那个村庄整理的时候，就闻到一阵很臭的味道，我们一路找这个味道来自哪里，最后在厕所发现了一具腐烂的尸骨，只剩下大腿有一点肉，当时我们不知道这个是谁，在尸骨的裤袋里面发现了ID卡（身份证）才知道这个是我外甥的太太张美。外甥的两个小孩子一个三岁，一个五岁，都不见了。过后我们就用附近的烂三轮车，推着尸体，哭得要死。我姐姐的一家人，死了三代人。我姐姐还生存的孩子，我都帮忙照顾，直到他们结婚。

"我姐姐一家人的离世我真的很难过，很难过，海啸发生以后，我们全家都搬去了棉兰，我们真的接受不了，太痛苦了。之后我们才慢慢爬起来，回到亚齐一点一点地重建家园。中国对我们亚齐的帮助很大，我很感谢中国。我们亚齐受了太多灾难了，我希望全世界以后都无灾无难，人民生活平安。"

印尼—中国经济、社会与文化合作协会苏北省理事会秘书长，苏北省政府对外友好协会广东委员会主任，资深报业人士廖章然先生曾于印尼苏北华人历史文化馆工作室内与笔者分享Tsunami海啸的救灾经过："海啸灾难发生后，中国的救援队先到棉兰机场，由我、陈明宗（印中商务理事会主席）和谭伟文（中国驻印尼大使馆的商务参赞）负责接见和安排住宿及后续的救灾工作。到了第二天，中国救援队无法到亚齐，印尼政府安排不出飞机。幸亏当时救援队有一个成员，跟新加坡的空军是好朋友关系。他用电话通知新加坡的朋友，刚好新加坡的空军也要来棉兰，所以就把中国救援队一并带到了亚齐。当时商务参赞谭伟文为了快点把中国的救援物资送到亚齐，他亲自扛上飞机，这一幕让我很感动，印象深刻。到了亚齐，当地政府与救援队对接，安排救援工作和扎营，为了工作顺利地进行，一位当地华人担任了中国救援队的翻译，他就是老仓民。

◎廖章然

“我们同时也临时成立了‘苏北华社赈灾委员会’，我担任统筹人，我的伙伴陈岷生等人就帮忙接待难民，安排难民进行治疗。灾难后印尼总共成立了41个赈灾救援团体，共帮助灾民12 000余人，‘苏北华社赈灾委员会’是唯一的华人团体，救助灾民数量达8000余人，占总数的三分之二，被援助的难民既有华侨华人，也有当地友族兄弟。华侨华人与友族兄弟不分种族、不分宗教信仰，相互帮助，不分彼此。当时中华慈善总会和中国红十字会多次派出考察组到灾区了解灾情，并向印度尼西亚政府了解受灾群众的重建要求。我们苏北华社赈灾委员会亲自见省长，并请求省长帮忙，终于找到了一块地，不久后就在现在的大亚齐县莫斯吉拉亚镇尼亨村建起了中国—印尼友谊村。整个村庄依山傍海，周围景色优美，建造了标准砖混结构住房606套，还包括清真寺、学校、幼儿园、市场、诊所、运动场、门楼、纪念碑、花园等配套设施。这座中国—印尼友谊村是由中华慈善总会和中国红十字会两会合作建起来的，资金全部来自中国人民的捐款。中国—印尼友谊村的建设是经过各方努力而成的，友谊村为亚齐灾民提供了安居乐业的生活场所，我们十分感谢中国的援助，祝愿中国、印尼两国人民的友谊万古长青。”

◎亚齐中国—印尼友谊村

棉兰（Medan）位于苏门答腊岛东北部，曾是一座Medan Putri的小村庄，而日里（Deli）为棉兰之旧称。棉兰因日里河（Sungai Deli）与巴布拉河流经而繁荣于商贸交通，且处于马六甲海峡西岸的勿拉湾（Belawan）港口附近，故成为印度尼西亚对外活动之经济重地。

1862年，荷兰东印度当局以助日里苏丹摆脱亚齐和锡克人的控制，从而获得日里投资开发权。因日里肥沃的火山黑土地适宜种植质量上等的烟草，故荷兰商家集资至棉兰周遭收购土地及雇用爪哇人试验种植，结果失败。种植烟草需较大劳动力和繁杂的工序，包括施肥、育苗、整理土地、移栽和田间管理等，然而爪哇人却无法胜任烟草种植工作。1865年，烟草种植园主自槟城招揽88名华人劳工至楠吧樟（Martubung）试种取得成功，受国际市场之捧，被评为头等烟品。荷兰殖民者亦以契约劳工（俗称“卖猪仔”）的形式大量招募华人劳工参与棉兰烟草业种植工作。因日里烟叶种植园采用轮耕制，故种植园（经济作物）的占地面积大大超过耕地（粮食作物）面积，故粮食等生活必需品无法自给，这为早期的华人移民者提供了商机，市场得以兴起，使部分华人手工业者及工匠有新的发展机遇，成功者便归故乡携亲友返抵棉兰。

旧时，运载“猪仔”的船只被称为“浮动的地狱”，原本废置的破旧船只被匆匆改造后即投入使用，将货舱改建为三层统舱，以应对严重超员的状况。漫漫海途中，舱门紧闭，人满为患，“猪仔”每人仅有一尺之地，日则并肩叠膝而坐，夜则交股架足而眠。舱内空气不足，疫病流行。船内食水不足，华人劳工常因极渴讨水而遭鞭打。为镇压船内的“猪仔”，舱口加装有铁栅栏，甲板设有炮位，船上看守日夜荷枪实弹，戒备严格。船长常无故拉出华人劳工鞭打，在饱受凌辱和折磨之下，华人劳工多次奋起反抗，弱者投海自杀，强者聚众抗暴。

笔者曾于棉兰市长办公厅（旧址）与廖章然先生、印尼苏北华人历史文化馆总策划林来荣先生、印尼苏北华人历史文化馆秘书纪日立先生座谈。忆棉兰当地史，林来荣先生娓娓道来：“棉兰是华人汇集群居的地方之一，也是海上丝绸之路的一站。日里海口区还有几个带有中华色彩的地名，如中国城（Kota China）、华竹镇（Buluh China）等；更有独特的中文地名，如半路店（Titi Papan）、王家厝口（王厝口，Simpang Kantor）等；有的地方译名是根据群居民众的方言而取，如日里、棉兰、民礼（Binjai）、勿老湾（Belawan）、老武汉（Labuhan Deli）等都是闽南语的译音，而冷吉（Langkat）则是粤语译音。现在棉兰市区有很多以中国地名命名的街道，如广东街、上海街等。棉兰开埠于1590年，华人初来棉兰时都聚居于海口区，如老武汉（日里旧港）、民礼等城镇，这都属于日里河三角洲地带。当地最早的林

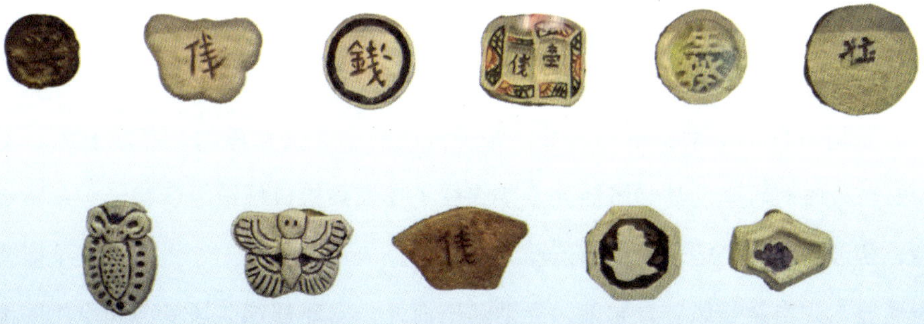

◎猪仔钱

氏宗祠西河九龙堂就建在老武汉旧港（今老武汉市），但已无法考证确切的年代。”

廖章然先生祖籍广东汕尾海丰，是棉兰鹅城（Angsapura）慈善基金会发起人之一，亦是印度尼西亚苏北省著名慈善家、教育家。其致力于慈善教育事业、弘扬中国文化，见证印度尼西亚华人数十载的风风雨雨。“勤劳勇敢的惠州十邑（归善、博罗、长宁、永安、海丰、龙川、陆丰、河源、和平、连平）先辈早于1895年就在棉兰市的广东街创立了棉兰惠州会馆，继而开办养中学校，开设图书馆。1966年惠州会馆连同养中学校被封闭、被接管了。后来几位惠州会馆贤达积极争取惠州会馆回归，与此同时，着手策划组织基金会。棉兰鹅城慈善基金会获得政府准办后，开办有公众义山、殡仪馆、诊疗所、兴建体育馆，发放助学金等。诊疗所设有中医部门，病号中有半数以上为印尼友族兄弟，并经常外出从事义诊，各处穷乡僻壤都曾留下鹅城医疗所工作者的足迹。对于中国，我希望印尼的华族，在印尼与中国之间，起到桥梁作用。我经常和印尼的华族和其他兄弟族群的朋友提到，中国已经在世界上崛起，而中国的建设和进步是大家有目共睹。印尼和中国进行交往，只有好处，没有坏处。”言谈举止间，廖先生对故乡以及所在国的真情实感和殷切期盼使人感触颇深。

张榕轩和张耀轩昆仲是清朝末年的两位闻名遐迩的实业家、慈善家和热爱祖国、报效祖国的华侨翘楚。张榕轩（1850—1911年），名煜南，家名爵干，字榕轩。张耀轩（1860—1921年），名鸿南，家名爵辉，又名亚辉。广东嘉应州松口堡（今梅州市梅县松口镇溪南）人。

张榕轩自小于家乡私塾读书，深受传统的中华文化熏陶，品学兼优，无奈家中贫苦，唯有辍学助其父张熙亮（字绵生）在梅县松口圩镇经营粮米、杂货等小生意，初涉商业。张榕轩悉心有宏图大志须展，故道以父亲：“大丈夫既不以文学致身通显，则当乘长风破万里浪，立勋名于海外，安能郁郁久居乡曲间乎！”十七岁的张榕轩得父亲赞赏并应承，随乡亲及水客出南洋创业。时值清朝廷初海禁，须自汕头港口坐“红头船”经二十余天的风浪颠簸，终抵荷属巴达维亚（今雅加达）谋生。首任职于大埔籍同乡张弼士之门下，诚实守信，善于经营，深得张弼士信任和赏识且被委以重任。数年后，怀雄心壮志且稍有积蓄的张榕轩转往苏门答腊岛日里（今棉兰）自立门户创业，发扬客家人艰苦耐劳、奋发图强的精神，其胆识过人，筚路蓝缕，悉心经营种植业，领导同乡侨胞开设商店、屋舍，使荒凉的日里变为商贸发达、百业兴旺之城。

◎张榕轩

清朝光绪四年（1878年），在棉兰崭露头角的张榕轩雄心勃勃，与张弼士合资于爪哇日惹开设垦殖公司，经营橡胶、椰子、咖啡和茶叶，先后开辟橡胶园七八所及茶叶加工厂。后又与张弼士合资创办日惹银行，以调剂全埠华侨商人之金融。在事业蒸蒸日上时，张榕轩于清朝光绪五年（1879年）邀故乡时年十八岁的弟弟张亚辉出洋协助商务。张亚辉在兄长提携下大显身手，买下一大片土地种植橡胶，成为当地第一个种植园主。张榕轩在其弟张亚辉辅助下，如虎添翼，事业精进。后两人增加房地产事业，扩建房舍，又与南来之同乡侨胞开设商业区，加速推动棉兰成为繁荣的商业中心。张榕轩、张亚辉为“棉兰开埠之功臣”，其施展才华、大展宏图，事业如日中天，声名远播，为客家华侨商界之佼佼者，且被荷属东印度当局授予甲必丹、玛腰等官职，便于华侨社区内部自治。

◎张耀轩

张榕轩、张亚辉昆仲独具慧眼，投入巨资创办棉兰第一家华侨私人银行——日里华侨银行，为华侨富商汇款资助家乡亲人提供便利，不再受困于荷兰殖民当局银行手续

◎张耀轩故居

繁多、汇费高昂的独家垄断。尔后两人与张弼士合股于荷属东印度巴达维亚和亚齐创办裕昌和广福两家远洋轮船公司，经营客运与货运，打破外国人海运的垄断。

清朝光绪二十年（1894年），嘉应州贤达黄遵宪（字公度）出任清朝廷驻新加坡总领事，深知张榕轩德才兼备、熟悉侨情，遂推荐其为清朝廷驻英属槟榔屿（今马来西亚槟城）副领事。当时，槟榔屿无正领事之设，由副领事执行一切职务。张榕轩于两年任期内亲善友邦，让侨民安然，对槟榔屿的繁荣发展贡献良多，备受侨民敬仰。当年，张榕轩、张弼士、谢荣光等清朝廷历任槟榔屿领事踊跃捐款，扩建极乐寺，使之成为旅游胜地。

素怀实业报国之远大抱负的张榕轩、张亚辉昆仲认为振兴实业宜创办铁路，创办铁路必自近海之地，故于广东潮汕之地先办，以树风气，作全国商办铁路之楷模。1903年，已被清朝廷委任为粤汉铁路和广东佛山铁路总办的华侨实业家张弼士邀请张榕轩一同回祖国洽谈。张榕轩向清朝廷提出于广东省韩江下游修建潮汕铁路并获光绪皇帝批准。1904年8月，由中国著名工程师詹天佑负责勘测设计的潮汕铁路完成勘测定线，同年9月动工兴建。1906年11月25日潮汕铁路正式通车，为窄轨单线，北起潮州西门，南至汕头。潮汕铁路为中国第一条由华侨投资的商办铁路，开创了中国近代史的民办铁路之先河，其将海运、铁路运输和公路运输连成交通枢纽，促进潮汕地区（含梅州地区）的经济发展和繁荣。1939年，日本侵略军

◎潮汕铁路留影

占领广东潮汕，运营33年的潮汕铁路被日本军队炸毁，铁轨亦被日本军队运返日本炼钢。

◎陈岷生

笔者有幸得印尼苏北华社联谊会理事会秘书长陈岷生先生之牵引，于张榕轩纪念馆与张榕轩家族成员林素琴女士会面，林女士的丈夫张洪钧先生为张榕轩长子张步青之长孙。踏入纪念馆，笔者且走且听林女士道先辈的光荣事迹："先祖张榕轩是优秀的华侨领袖，一生兢兢业业，为祖国奉献许多，有推动修建潮推动修建汕铁路、捐款赈灾等。在光绪三十四年（1908年），张榕轩、张亚辉两人合资创办的'敦本两等小学'开学。这间学校是苏门答腊岛最早期的华文教育场所。在这里读书的学生一律免交学费，为的就是教书育人、普及中华文化。同时他们也为建设棉兰做出了巨大的贡献，将棉兰建设成为大城市，在荷兰殖民者开垦棉兰之前，张榕轩已经带领侨胞们开荒棉兰，做出成绩后还不忘回馈社会，帮助社会，这些优良的品质是我们需要去传承的。孙中山先生还为张榕轩和张亚辉题字'博爱'，表彰他们对辛亥革命的支持。在民国五年（1916年），先祖父张步青听从他的母亲和叔父张亚辉的旨意，与弟弟张铭青、张宸青一起在棉兰市郊日里河上兴建一座公路铁桥，纪念先父，该桥被命名为'成德桥’，又称作‘张榕轩桥’。此桥方便了棉兰民众出行，实在是功德无量。桥上的四支柱子分别刻有华文、荷兰文、印尼文和阿拉伯文的纪念碑，见证了棉兰市的多元文化。1960年，因为政治原因，以先祖张榕轩命名的张榕轩街被改名。2013年11月16日，印尼苏北省棉兰市代市长朱尔米·艾丁亲自主持张榕轩街（JL. Tjong Yong Hian）的复名揭牌仪式。这是棉兰市政府对历史的正视，我们作为张榕轩的家族一分子感到骄傲。”

◎张洪钧与林素琴

览海内外，自古观今，家风优良之于家庭、家族发展实大本大宗，乃家庭、家族之“灵魂”，牵系着每一名成员，其精神代代相传，无疑重于物质财富的继承。束于家规、家训、家教，成特色家风，亦为社会价值之缩影。中国国家主席习近平论述家庭、家教和家风：“家风是一个家庭的精神内核。无论时代如何变化，无论经济社会如何发展，对一个社会来说，家庭的生活依托都不可替代，家庭的社会功能都不可替代，家庭的文明作用都不可替代。”

巨港位于苏门答腊岛南部，曾是古代室利佛逝王国的中心地，是室利佛逝王国与中国、印度和爪哇进行黄金、香料、丝绸和象牙交易的强大贸易枢纽，历经三个多世纪。中国古代称巨港为“巴林邦”“旧港”等，室利佛逝王国自9世纪起即为繁盛的贸易和佛学强国，中国商人抵此开展生意，延续数百年。943年，已有中国福建漳州人抵巨港定居谋生。随着华人数量增长，华人文化和历史已成为巨港不可分割的组成部分。

巨港人的母亲河——穆西河（Sungai Musi）将巨港分南北（上下游），沿河岸建有房屋，渐而成村，世代繁衍。穆西河上游早期有原住民和华人（以漳州籍为多）聚居，下游开发晚于上游。在殖民时期，荷兰人委任华人甲必丹掌管当地原住民村落（今穆西河上游地区），故得名甲必丹村（Kampung Kapitan）。历任华人甲必丹善于管理，积极贡献，且与原住民相处融洽，极受村民爱戴和拥护。

在印尼苏南省广肇同乡慈善会的邝日年先生、黄德福先生带领下，笔者与甲必丹后人蔡忠义先生于甲必丹村会面。据了解，甲必丹村主要以三间蔡姓华人甲必丹大屋而扬名巨港。因缺乏保养，甲必丹大屋早已失去过往辉煌，但从现存的建筑规模和精美程度而观，不难想象当时的气派和显赫。一座由中国福建漳州赠建的仿制版威镇阁（八卦楼）微型石塔立于大屋前地，以纪念漳州先民对巨港的贡献，同时展现两地的悠久交往历史和深厚情谊。

福建漳州籍华人蔡忠义先生的先祖已扎根巨港数百年，受当地文化的影响，其早已不晓华语和福建话，但依旧坚守甲必丹大屋的精神和坚持中华传统习俗的意志使人感动。每逢中华传统节日，祭祀神明和祖先是其必做之事，每日亦向祖先烧香，尽管不知神明的来源和祖先牌匾的含义，但作为侨生的蔡先生仍继承着祖辈的教导，是其对神明和祖先的尊敬，以及对先辈感恩之情的具体体现。蔡先生仍留存家族家谱，但碍于不懂华文，无法深入了解家族历史及中华文化，当其将家族家谱交于笔者阅览时，那期望自笔者处得知更多关于家族历史的迫切眼神让人颇有感触。

◎由中国福建漳州赠建的仿制版威镇阁（八卦楼）微型石塔

◎巨港甲必丹大屋内部

《蔡氏甲必丹家谱》编写于清朝光绪十九年（1893年）。蔡氏家谱记：“我祖源自大清国福建省漳州府龙溪县廿九都镇村社白石宝（保），为因渡洋，居住巨港坡，开基立业，传至于今，以见八世。茅恐日久，难见渊源分派而后世子孙，未见遗迹，焉知根源木本，身从而来，则不知世代、宗族之分支，亦不识外戚之亲疏，以致积久，则化茫而无头指，亦难得细情也。……顺作一簿登录，从自甲必丹淡满公之衍派，分支根本以来，只有略知其迹。碍因顶世、尊名，难得细情，故未能录尽分明。不过大略而已。以为存留后代子孙，永遗世代为指南。”

龙溪县廿九都镇村社位于今福建省漳州龙海市角美镇蔡店村。蔡氏家谱记蔡淡满为蔡氏家族第一位甲必丹，字序臣，谥号诚质，生于清朝康熙五十六年（1717年），卒于清朝乾隆卅九年（1774年），生前担任巨港甲必丹十年。

蔡氏家族自蔡淡满始，已于巨港繁衍260多年，有多位后裔担任甲必丹和雷珍南。如蔡望高，字有升，生于清朝乾隆十三年（1748年），卒于清朝乾隆五十二年（1787年），任甲必丹十年；蔡启麟，生于清朝嘉庆二年（1797年），卒于清朝咸丰二年（1852年），任甲必丹二十六年；蔡巨川，谥号迪源，生于清朝嘉庆廿二年（1817年），卒于清朝同治十年（1871年），任甲必丹十八年，又升任玛腰三年；蔡咸宁，谥号尔康，生于清朝道光廿二年（1842年），卒于清朝光绪五年（1879年），任雷珍南、甲必丹、玛腰二十年；蔡秦川，生于清朝道光十六年（1836

年），卒于清朝光绪十七年（1891年），任雷珍南十九年；蔡颍川，生于清朝道光廿三年（1843年），曾任雷珍南多年。《蔡氏甲必丹家谱》亦破"传女不入谱"之例，将女子后裔也纳入家谱，家族脉络十分清晰，蔡氏甲必丹家族使联婚之法，织起以蔡氏家族为主的"华人官员网"。如派女嫁同乡郭氏，传郭耀山任甲必丹三年；郭耀山传子郭光炎任甲必丹一年。

巨港蔡氏甲必丹家族热心华人社会公益事业，清朝同治八年（1870年），巨港华人兴建福德正神庙，蔡氏家族蔡巨川玛腰捐银二百盾，雷珍南蔡咸宁捐银四十盾。1908年，巨港华人谢春芳倡办中华学校，获甲必丹蔡咸兴等赞助。蔡氏甲必丹家族遵循中华民族传统，修谱记载家族漂洋过海抵巨港侨居的历史，为后代子孙留存寻根指向，此等宝贵之史料，于印度尼西亚尤难寻也。

巨港水月宫（Soei Goeat Kiong）或称"观音亭"（Klenteng Kwan Im，Chandra Nadi）位于穆西河上游河畔10 Ulu区，巨港Ulu区是今巨港市发源地之一，亦是当时华人聚居地。具体建造年代已无从考证，但从寺庙内的牌匾可查，最早是

◎巨港水月宫（Soei Goeat Kiong）

清朝道光年间（1820—1850年）。庙内主要供奉观音菩萨，亦供奉妈祖等。巨港水月宫不仅是祭祀的庙宇，还是当时华人社会交际的场所，是传承中华文化和保留华人风俗习惯之地，庙内还存有清朝时代的鼓、钟和磬等祭祀器具。

克玛洛岛（Pulau Kemaro）处于穆西河流域，岛内有福正庙供奉福德正神（土地神），庙宇亦供奉西蒂花蒂玛（Buyut Siti Fatimah，传说为巨港王朝的公主）之墓，庙的后殿供奉克玛洛岛的保护神，一大块泥土般的凝结物即为其“显灵”所得。庙宇后方有九层宝塔，宏伟、壮观，矗立于岛内。

克玛洛岛之来源与一则传说有关：在巨港国王统治巨港时，有一名中国商人陈文安（Tan Bun An）迎娶了巨港王朝的公主西蒂花蒂玛（Siti Fatimah）。长期以往，陈文安因思念远在中国的双亲及家人，遂邀妻子西蒂花蒂玛公主归国拜见父

◎中国商人陈文安与巨港公主西蒂花蒂玛之墓

母亲，征得巨港国王同意后，陈文安夫妇便启程。抵故乡寒暄父母及亲友后，陈文安便携妻子返巨港。回程时，双亲赠予陈文安夫妇七坛瓷瓮。于靠近巨港码头的水域，好奇心驱使陈文安打开瓷瓮，开坛后有酸味溢出，再看之，原是腌菜。陈文安顿感失望，便将六坛瓷瓮倾倒入河，但不慎摔破最后一坛，坛内洒出许多金银珠宝，使众人目瞪口呆。陈文安随即跳入河中寻找其余六坛瓷瓮，一名随从也跳入河中帮忙。一阵后，两人依旧未浮出水面，西蒂花蒂玛公主见状亦跳入河中，不料水流湍急，三人沉入河中，无果。良久，河中浮起一座小岛，民众纷纷相信小岛为西蒂花蒂玛公主使然，故将此岛视为“圣岛”，诚心朝拜。

日久天长，中华传统节日的庆祝活动和宗教的纪念活动渐成当地文化。如元宵节（农历正月十五），在巨港被称作“Sin Cia”，以及农历新年期间，热闹无比的庆祝地即克玛洛岛。

Pempek（鱼饼、鱼糕）是巨港随街可见的特色食品，当地人多以“Wong Kito Galo”称之，佐以甜醋酱（由辣椒、蒜头、糖、醋制成）而食。Pempek种类繁多，如用鱼皮制作的Kulit、包入鸡蛋的Lenggang等。贝丽多鱼（Ikan Belido）是南苏门

◎鱼饼

答腊岛河流中特有的鱼类，早期多见于穆西河。当地人介绍，用Ikan Belido制作的Pempek鱼香诱人，食之不厌，为Pempek中之美馔。Pempek与中国福建的鱼饼极为相似。巨港福建籍华人以安溪（多为廖氏）及漳州为主，加之福建与巨港的交流史源远流长，笔者猜测，Pempek或许由早期抵达巨港的福建籍华人发明。

印尼苏南客家同乡会永久名誉主席、印尼巨港华人福利基金会主席曹裕光先生及印尼苏南客家同乡会副主席，曾于巨港高美达旅行社会议室向笔者简述客家籍华人之于巨港的历史："巨港的客家人居住很分散，数量最多的是梅县人，蕉岭人、大埔人、福建永定客家人。同时也有江西的客家人、福建龙岩的客家人。除了客家人以外，也有福建人、潮州人、广东人和少部分湖北人。当时的湖北人多数背着布料，在小城市街边卖布，也有湖北人是做镶牙的生意。早期巨港的客家人大部分是从邦加岛（Pulau Bangka）来的，因为以前客家华人下南洋的时候首先会抵达邦加岛，在那里挖矿，部分就经由邦加再转到巨港。客家人在当时众多的华人当中，是文化水准比较高的。所以他们就到这里'吃教育饭'，做小生意等。"

巨港著名的华人名士曹裕光先生是第二代华人，祖籍广东梅县石扇。曹先生早年事业有成后，不单热心于当地华人及原住民的济贫解困、赈灾助学等公益事业，且热诚地为印中双方建立友好关系提供服务，为增进印中情谊不遗余力，并多次担任中国驻印度尼西亚大使馆相关人员访问巨港的翻译工作。

◎曹裕光夫妇

2018年，由中国交通建设集团有限公司所属中国港湾承建、中交二公局施工的印度尼西亚巨港市首条轻轨实现全线通车，线路总长45千米，起点和终点分别为巨港国际机场和巨港札卡巴林体育中心，沿线共设高架车站13个，轻轨通车不仅缓解巨港市的交通压力，且为当地创造近千个就业岗位。“中国制造”为第十八届亚运会提供交通支持和通勤保障，助力印度尼西亚成功举办亚运会，当笔者搭乘由中国建设的巨港市首条轻轨时，心想巨港的城市建设有中国参与架构，不禁甚喜，及深深地为“中国制造”而感骄傲，为“中国速度”甚感自豪。

◎巨港市首条轻轨车厢内部

邦加如画，岛风习习

邦加岛是南苏门答腊岛屿，与巨港隔邦加海峡（Selat Bangka）相望，北临南中国海，西至勿里洞岛（Belitung），南面爪哇海（Laut Jawa）。首府城市为邦加槟港（Pangkal Pinang），早期邦加首府为文岛（Mentok），当时，文岛是聚集各地人士的贸易港口，故有广东梅县籍钟氏玛腰大院。邦加岛内各族群彼此尊重、和睦共存、民风纯朴，友族人士亦用客家话交流。具有凝聚力的邦加文化，成为印度尼西亚族群社会的典范之一。

邦加滨港市文化旅游局局长Akhnad Elvian接见笔者时谈道："我也曾作为代表去中国广西的防城港、南宁等地方参观交流过，中国地方很大、很美。邦加文化与华人文化的交流历史悠久，我们邦加的传统服饰，融合了很多中国元素，比如服装的颜色为红色，女子头顶戴的发冠，是中国'八仙'的造型，还有衣服的花纹等。邦加的华人大都是客家人，勿里洞的客家人更多。邦加历来就盛产胡椒，与别的地方不同，邦加的胡椒籽比较大粒，胡椒的味道很浓厚，这种胡椒只有在邦加找得到，或许是因为水土和种子的关系。邦加盛产锡矿，所以早期很多客家人就来到邦加开采锡矿，客家人很勤劳，建设了邦加。邦加至今还保留着你们中国客家地区的习俗，像在农历七月十四的时候，用纸

©Akhnad Elvian

制作一个巨大的纸偶，祭祀后拿去烧掉。这里也有客家人的美食，好像是豆腐花、酿豆腐等。槟港市有一个华人聚居很久的地方，叫做新加坡巷（Gang Singgapur），我们也称唐人巷，里面不仅有很多有关华人的东西，也有一间数百年历史的关帝庙，见证着华人在槟港的奋斗历史。所以我希望通过你的书告诉中国的朋友们，邦加有着许许多多的华人文化和传统习俗，欢迎你们来邦加参观和度假！”

◎祭祀大纸偶

勿里洋福建籍华人吴景光先生向笔者分享道：“南下南洋的华人从事的职业有很多种，有的福建人就在这里做生意，有的客家人就采锡矿、农业种植等。采锡矿的华人都住在矿场周边，久而久之就形成了华人村庄。荷兰殖民时期，荷兰人在邦加主要是采锡矿，因为当时的印尼工人不够，所以就到中国沿海地区招来、抢来中国人。签了约以后，荷兰人为了长期留住中国人做工，就开鸦片馆、赌馆等，让他们把钱都用完，没有钱回去。当时华人矿工基本上都是年轻人，却又没办法回去成婚，就与当地的印尼女子结婚。当时邦加的华人叫他们的印尼妻子为‘番婆’，邦加大多数讲客家话，所以娶印尼人就叫做‘交番婆’（娶番婆）。”

◎邦加民族服饰

记忆处，邦加椰岛景丽，柔细沙滩轻抚，碧海蓝天养目，暖风艳阳热情；内自省，心灵之境何其多？梦暗许，共观百川朝海，云卷云舒。愿归去，逐梦远航新征程；他朝日，回望足迹踏遍地，乃叹之：“Wonderful Indonesia！”

心诚至善，恪守不渝——巴厘岛

佛教王国夏连特拉统治爪哇岛时期，印度和爪哇的移民陆续抵达巴厘岛，并带入印度教。1343年，爪哇印度教王国麻喏巴歇再一次统一巴厘岛，此时印度教已于巴厘岛传播数百年之久，坚实奠定了当地浓厚的印度教传统。

梵语对巴厘岛影响深远，巴厘语中有大量梵语词汇和深受梵语影响的古爪哇词汇。因巴厘岛有众多印度教神庙，故有“庙宇之岛”之美称。

Jaya Pangus国王和中国公主的传奇婚姻，至今仍被巴厘岛岛民传颂，亦被认作巴厘岛文化传统之象征，体现中国与巴厘岛源远流长的友好交往史。

◎巴厘博物馆收藏的中国古钱币

巴厘岛岛民世代相传的故事存在诸多版本，至今无史料可考据。登巴萨（Denpasar）当地华人王妮娜女士讲述道：“我知道有关中国公主的传说是600多年前的历史版本。那个时候中国明朝的郑和下西洋，他的船队泊靠巴厘岛补充水和食物等等，随行人员中有一位中国商人的女儿，她的名字叫Jiang Junwei，她被巴厘岛的风光吸引住了，而且忘记回去的路了，失散了。就在这个时候，和外出游玩的巴厘王子见面了。两个人一见钟情，后来就结婚了，之后这个王子成为了国王，中国商人女儿成了王后，在巴厘岛生存和养育后代。现在巴厘人更愿意相信其实中国商人女儿是中国皇帝的公主假扮的，所以就有了‘中国公主Jiang Junwei’和‘巴厘岛国王’的爱情故事。现在很多巴厘岛民仍然相信自己就是他们的后裔。

“除了这个出名的传说，‘中国公主Jiang Junwei’和‘巴厘岛国王’的一切更是和巴厘人有着很大的联系。他们被供奉为神灵，在巴厘岛的北部有一座名字是中国公主的印度教寺庙，供奉的主神就是中国公主和巴厘岛国王。在巴厘人的家门口，常常会看到穿着巴厘民族服饰的中国公主和巴厘岛国王石雕在两边，代表着他们两个人守护着巴厘人民的生活。巴厘岛的皮影戏，很多剧目

◎Gedong Siwa Budha寺庙位于巴厘岛东南之附岛Ceningan，由当地华人在2012年建成，属佛教与兴都教融合之庙，存华人祭祀台的摆设，亦有兴都教之元素，庙内签解已全为印度尼西亚语，围绕寺庙挂设的大红灯笼是中华元素，也是华人建筑的重要标志

◎庆祝中华人民共和国成立69周年的祝贺牌，贴挂于中爪哇梭罗人Ari的巴厘岛商店内

就是围绕着他们的故事展开的。因为巴厘岛人民相信，巴厘岛有着众多的中国特色文化元素，都是跟着中国公主来到巴厘岛的。比如说，巴厘岛人民的家庭，每天都要进行祭祀，中国铜钱就是供品的一类。又比如说，巴厘岛人民在重大节庆活动里面，会出现舞龙舞狮，巴厘岛人民叫‘龙’为‘巴龙’，它的模样就是中国的舞狮穿着巴厘的民族服装。据说巴厘岛的公主寺庙信仰佛教是因为尊重中国公主所以才供奉的。我们巴厘岛的华人都是为中国公主而骄傲的，因为她代表着中华文化，我们华人的文化。”

巴厘岛北部港口自古即在岛屿间和国家间发挥着重要的贸易作用，尤其在古中国常参与的贸易。巴厘岛与中国的密切贸易关系，对巴厘岛的货币及当地人对货币的认知产生了重大影响。14世纪至20世纪50年代，中国货币成为巴厘岛的合法支付工具，并被用于祭祀仪式。

望江人，家在何方？

◎汤河清

望加锡（Makassar，锡江）是南苏拉威西省首府，位于苏拉威西岛（Sulawesi）西南部，滨临望加锡海峡（Selat Makassar）。

汤河清（1830—1911年），又名汤仙槎，生于中国福建长泰县春芳社（今福建漳州长泰县新春村）。清朝道光二十三年（1843年），年仅十三岁的汤河清，因家境贫寒，遂随乡亲远涉南洋，一直在印度尼西亚望加锡谋生。起初其由族人资助，在水产商店门边摆摊售卖烟丝。汤河清为人和气，经营有道，故财源广进。后水产商店老板欣赏汤河清的经商才干，邀其共事，并将女儿许配予汤河清，提升其为商店管理人，水产店在汤河清的精心经营下，业务得以扩展。数年后，汤河清使用其所有积蓄，创办顺源公司，购置轮船，在新加坡、中国香港和澳门等地经营水产和土特产。凭借勤俭、诚信和拼搏的精神，汤河清渐立庞大家业，成为当地的殷商巨富。

因才干过人、能力凸显，汤河清被众华侨、华人推举为当地华族的商界领袖。荷兰殖民者亦任命汤河清为望加锡甲必丹。据《南洋实地调查录》（1917年）记载：“前甲必丹汤河清谙练法律，勇于任事，荷官有创例苦压华商者，必诉而除之；荷警有违法逮捕吾侨者，而释之。若者辱国，若者病民，凡可以或种方法减轻蠲免者，莫不散其财、殚其力。伟哉汤公，千载后口碑犹载道也。”清朝光绪六年（1880年），中国山西遭大灾荒，汤河清赈济一万石谷物及十三万元大洋，解灾民之急。后汤河清被清朝廷赏封为“赏赐花翎副将”头衔，并敕建“将军第”。

1908年11月，汤河清和王觉、洪开榜等人发起成立锡江中华商务总会，汤河清任第一届主席。因望加锡中华学校（创办于1901年）当时致学气氛不足，故汤河清将望加锡中华学校归入商会兼办，并建新校舍一座，孤贫者免征收学费。

汤氏崇本堂由汤河清、汤隆博、汤重卑、汤文龙等发动宗亲集资建造宗祠，位于今苏拉威西街（Jl. Sulawesi），是一座与祖籍地福建漳州长泰县汤氏宗祠同名之宗祠。其亦兴建会馆，收容失业者，资助贫困的华侨、华人和无亲可投的新华侨。汤河清的“顺风号”轮船，常往返于望加锡和厦门，免费优待贫苦的族人搭乘，故当时福建漳州长泰县坂里出洋者众多。汤河清规定，凡抵此地谋生之族亲或同乡，皆可于此免费食宿，每人亦获衣裤一套及获数十银元作生活费，直至寻得工作。尔后，一句“吃顺源公，睡崇本堂”便流行于当地华人圈。汤河清致富后仍惦记家乡，并践行回报桑梓之夙愿，如先后捐资，于福建漳州长泰县铺设通往岩溪圩的梁冈岭石坎路；在梁冈山建造梁冈王亭；修筑一条直达九龙江北溪畔的浦仔脚大路，

◎汤氏子孙于崇本堂祭拜祖先

并沿途建造丁口亭、岭头亭、浦仔亭供行人休憩。

清朝宣统三年辛亥年（1911年），汤河清病逝于望加锡，得年八十一岁。其子汤龙飞承袭父业及官爵，亦继承父亲爱国爱乡的美德。1942年，日本军队侵占望加锡，荷兰军队溃败而逃。汤龙飞率领侨胞，与当地原住民共同奋起反抗日本军队，却因无援无助，寡不敌众，汤龙飞与四子汤国梁、汤国山、汤国振、汤国政及女婿等人同时遇难。噩耗传出后，众人皆闻讯落泪，不胜悲恸。

©苏拉威西岛华侨殉难纪念碑

农历己亥年五月初一，笔者如约赴汤氏宗祠（崇本堂），与汤氏子孙围坐畅谈。祠堂外红灯笼点缀，祠堂内清香袅袅，陆续而至的汤氏子孙皆手执香，驻足于祠堂先辈灵牌位前诚心鞠躬，以其自身方式表达对祖先崇高的敬意。汤公（汤河清）第四代子孙汤忠辉向笔者介绍其家族道：“我的字辈是‘重’字，应该是汤重辉，‘忠辉’是我妈妈给我的名字。崇本堂自从建好以来，一直保留着每逢农历节日，初一、十五，汤氏子孙、后人要到崇本堂祭拜的习俗，因为汤氏子孙大多忙于工作，所以每逢初一、十五，我们都晚上祭拜。到了大节日的时候，比如说中秋节、新年，我们一整个大家族就会在崇本堂聚餐，大概有十桌人左右。我的曾祖父汤河清的子孙加起来，总共有一千多人。现在我们汤氏的子孙有成为大学教授、工程师、设计师、商人等，可谓人才辈出。所以作为汤河清的子孙，我们更不能忘本，要保留文化，铭记先辈。先辈们披荆斩棘，饱经沧桑，与当地人民和睦相处，融入主

◎汤文建（左）、汤忠辉

流社会，为锡江的繁荣发展做出了重大的贡献，我以我的祖先为骄傲。”

汤公第五代子孙汤文建谈道：“我的高祖汤公是在清朝的时候来到锡江的，在锡江的历史上，只有汤公是玛腰，但甲必丹就有几个，比如明朝时候就来到锡江的梁氏和李氏。以前锡江是一个天然的深海良港，荷兰人把货物都集中在这里，以前的锡江相当繁荣。直到印尼独立后才把经济中心移到了雅加达。我有读过华文书，对中国的情况还是知道一点，有一点情感，对于华人的传统我们一直在传承，但是，我的孩子们从小就没有接触过华文，华语也不大懂，我担忧的是以后这些祭拜传统等，能否继续传承下去。”

汤氏后裔行事低调，重视家风、家教，继承先辈优良传统，克勤克俭、自强不息、团结友爱、德育后人，实为锡江之家族典范、扬中华民族传统之榜样。笔者坚信，优秀的锡江汤氏家族，定能雏凤清声、荣宗耀祖。

位于望加锡市华人区庙街（苏拉威西街）的龙显宫仙妈庙由汤氏先辈发起，向善信募集资金后，于清朝同治甲子年（1864年）奠基兴建，1868年落成。印尼锡江龙显宫仙妈庙辅导副主席吴家驹先生于庙堂内向笔者介绍道：“龙显宫仙妈庙来源于中国福建省。

“中国福建省华安县仙都镇下林村，是长泰县坂里乡汤氏始祖居住的地方。在南宋端平年间（1235年）就兴建了龙显宫。元顺帝至正丁未年（1367年），长泰县坂里乡汤氏始祖（元通、元达、元逼）三兄弟由华安县移居坂里乡，并将香火迎到坂里乡供奉。1763年汤氏先祖们集资建设了龙显宫，尊称圣祖为仙妈。

“直到清朝嘉庆道光年间，一批由坂里乡漂洋过海的印尼锡江市谋生的汤氏祖辈们，为祈求平安也将仙妈的香火带到当地来供奉，这里的华侨华人不分姓氏籍贯都一同供奉仙妈，从以前到现在，到龙显宫祭拜仙妈都是集中和团结华侨华人的主要方式。”

印尼锡江漳州慈善基金会主席、中国福建省漳州市侨联会顾问何昆山先生，印尼锡江漳州慈善基金会辅导委员会主任曾漳才先生，于锡江漳州慈善基金会办公处接见笔者。何昆山先生言：“我们锡江的漳州籍华人有跟中国福建漳州的同乡建立良好的沟通和联系，表达同乡之间的情谊，也从他们那里知道漳州的近况。老一辈的华人已经不在了，他们也没有留下太多的历史，包括口述历史和书面历史，因为华人到南洋这边主要是谋生，主要的时间和精力都集中在讨生活。”

随后，曾漳才先生以自身经历谈道：“华人南下南洋以后，不是当苦力

©龙显宫仙妈庙

就是做生意，大部分都是如此，而华人在印度尼西亚各地的历史，几乎都是大同小异的。以我的经历来讲，我已经八十多岁了，当时我们那一代人都是读‘中国书’就是中国原原本本带来的教科书，连老师也是中国来的，读的地理书都是中国的地理，所以我们很熟悉中国，也感觉很亲切。

◎曾漳才

“到现在我已经是原原本本的印尼华人了。所以我要强调几点，一是我们印尼华人是土生土长的印尼籍人，对于印尼我们是有情感的，对于中国，那是祖辈的来源地，是家乡地。二是我们的家乡福建漳州有开展联谊，我们很乐意知道和了解家乡的状况。从大的方面来看，就是两个国家的交流，深层的意义就在于两个国家之间人民的友好交流。三是既然选择了就要面对，我们的祖辈选择到印尼谋生，虽然当时没有想到会在印尼生根，但是事实就是第二代华人已经是印尼华人了，而且华族也成为印尼的少数民族，所以我们华人更应该团结起来，共同建设好我们的所在国。”

◎李兴祥

位于唐人区内的锡江关圣帝庙距今已有数百年历史，广东联义会馆与关圣帝庙同址而立，今仍香火鼎盛。祖籍中国广东开平的周迎乐和李兴祥先生是锡江关圣帝庙基金会的理事，两位资深理事曾于关圣帝庙基金会办公室向笔者讲述广东籍人士在锡江的历史。李兴祥先生：“我们广东人在锡江主要是做木匠、家私、金匠、银匠等，他

◎周迎乐

们在广东家乡的时候并不一定会这些手艺，多数是当学徒才学会的。有些广东人在锡江省吃俭用，攒到一点钱后，就回到广东带上妻子、小孩和佣人回到锡江生活，锡江的广东人多数是开平人，也有台山人等。”

周迎乐先生："我们广东人主要信奉关公帝，所以在他们下南洋到锡江的时候，也把关公帝带了过来，起初是小规模地拜，等到广东人攒到钱就集资建起了关圣帝庙，越来越多的信众就到这里拜，福建华人、客家人也来。锡江华人宗教的大活动就是‘关公出游’，妈祖、观音等就跟在后面，是这里的特色，时间在农历的正月十五，元宵节。在关公出游前，我们会在关公圣像前‘掷三次圣杯’，如果有一次圣杯，就代表关公同意出游。这项活动得到了市长和省长的支持和参与，不仅有华人表演，友族朋友也会参加表演，代表了我们华人文化很好地融入了当地。语言是文化沟通的桥梁，以客观的角度来讲，不论中国是否强盛，是否有很多人使用华语等，华语

◎关公出游

◎邢定川

对于华人都是很重要的，所以我希望这里的华人能够学一点华语，起码会沟通，那我就很欣慰了。"

锡江资深历史学者、海南文昌籍华人邢定川老先生向笔者简述当地历史时指出："锡江的华人并不像邦加岛、棉兰等地的华人，被'卖猪仔'到这里的。以前的华人到锡江是过来做生意或者是打工的，比如说福建人过来开铺头，海南人过来开咖啡店，广东人过来做木匠等，这些华人有了一点积蓄以后就回到家乡把家人都接过来生活。在荷兰殖民时期，荷兰人设置了甲必丹，专门负责管理华人，'以华制华'。所谓的'人头税'就是由甲必丹来收的，这种税也是从甲必丹开始的。

"在1965年以前，锡江到处都是华侨学校，华语十分普遍和流行。以前的会馆都有开办学校，比如广东会馆的

◎Mie Titi（音译：帝帝面），用芡汁淋入并油炸后的黄色面条，是一种以蔬菜、炒鸡蛋、鸡肉或牛肉、海鲜等搭配的华人菜肴，口感十分香脆且散发镬气。Mie Titi由望加锡华人发明制作，是当地特色食品之一

广文学校、漳州会馆的南侨学校、福州会馆的清华学校等。”

据望加锡市博物馆记载，1618年，中国商人已聚集于今望加锡从事贸易活动，部分中国商人定居于当地。若以中国商人抵达望加锡计起，华族人士之于望加锡已有数百年历史，瓜瓞绵绵，代代昌。

一日间，锡江海岸边，夕阳遍地洒，金黄波光耀，引归家之思。侨生之家，自古于此。倘以乡寻根，则存“原乡”与“故乡”之别。“原乡”为祖上籍地，记录于族谱、家谱，口传于后代；其生于斯，长于斯谓之“故乡”。华人进退皆随时代，既生于此，定愿逝于此，对此情谊深深。可谓“汝若不弃，吾亦不离”。有朝一日，若汝变心弃之，“既熟悉又陌生”之地，是吾归去的远方。

点滴印度尼西亚

◎阿兹米•阿布巴卡尔（Azmi Abubakar）

位于万丹省（Bantam）南部的土生华人（Peranakan Tionghoa）博物馆由亚齐人士阿兹米·阿布巴卡尔（Azmi Abubakar）于2011年开办。阿兹米·阿布巴卡尔因接触有关印度尼西亚华人史料书籍，而得知华人对印度尼西亚作出的重要贡献。博物馆之文物、书籍见证了土生华人融入本地社会的历程，传达了关于华人正能量的信息，鼓励了华人与印度尼西亚友族之间相互理解，促进了民族大团结。其之努力，皆为使大众知晓印度尼西亚为“多元文化”的和谐国家。

侨生饼是印度尼西亚的月饼。侨生饼由侨生华人发明制作，已有百多年历史。印度尼西亚各省之侨生饼样式、口味皆不同，由客家人、福建籍侨生华人等制作。侨生饼形状为正扁圆形，经烘烤后饼身干燥呈焦黄色，形似月亮。内馅口味有榴莲、巧克力核桃、芝士（乳酪）、菠萝蜜、凤梨等。侨生饼的口感较中国传统月饼硬实，食之香糯，齿颊留香。甜度高，可存放数周。

◎侨生饼

侨生饼无疑为“根性”文化的延续表现，超越身份、国籍和地域的认同。农历八月十五日，圆圆的月亮高高地挂，远在异国他乡的华夏儿女仰望夜空遥寄祝福，挂念远在中国的亲人，思念和团圆成为中秋节的主旋律。笔者曾于雅加达，品尝那份穿越百多年的思念之情，甜得深刻。

印度尼西亚千层蛋糕是荷兰人殖民时期的发明。因制作工序烦琐、成本高，当时仅供荷兰社会的富裕阶层和名流享用。20世纪中期，荷兰人离开印度尼西亚时，将千层蛋糕的制作配方留于当地，当地人在尝试制作千层蛋糕时加入肉桂粉（Cinnamon），创造出独具特色的“印度尼西亚千层蛋糕”。部分华人制作千层蛋糕时不放入肉桂粉，而注重牛油品质，采用进口牛油制作的千层蛋糕香气四溢，香滑可口。

印度尼西亚华人购买千层蛋糕用于庆祝农历新年，或因千层蛋糕最初由荷兰人制作，故当地潮州籍华人称千层蛋糕为“荷兰糕”。千层蛋糕制作时须一层又一层地叠加，象征钱财越来越多，叠得越来越高，寓意美好，加之香甜滑口，深得当地华人喜爱。一位当地学者分享道：“千层蛋糕是我们从小吃到大的贺年糕点。在农历春节期间，华人之间赠礼以千层蛋糕为主，而华人则将传统年糕送给友族人士（马来族、马都拉族、爪哇族等），他们非常喜爱华人年糕。”

2019年4月17日，笔者于班达亚齐（Banda Aceh）见证印度尼西亚总统选举，候选人为佐科维和普拉博沃·苏比安托（Prabowo Subianto）。此次大选印度尼西亚首次总统议会和地区选举为同日，统计结果覆盖印度尼西亚34个省和世界130个地区。

2019年5月22日，印度尼西亚选举委员会公布：一号参选组合佐科维—马鲁夫支持率为55.50%；二号参选组合普拉博沃—桑迪支持率为44.50%。一号参选组合佐科维—马鲁夫获胜，故佐科·维多多蝉联总统宝座，任期：2019—2024年。

笔者非常荣幸，于梭罗，再次身在历史，见证历史。

◎印度尼西亚华裔公民于中国广州投票站

第四章

中华情重 胸怀家国

华侨、华人故事

（The story of Chinese）

大步流星，恩义年华——大星集团

“满足今天、追求明天，挑战自己、追求进步。”

“凡事策划、做事坚持，设定时限、致力落实。”

“人往高处爬是俗世法则，要在人生过程中取得成功，必须设定升级版的议程，突破极限。”

“只有身体力行，秉持不屈不挠的精神配合刚毅不拔的行动，才能登上商业领域的更高门槛，实现自己的愿景。”

马来西亚砂捞越州诗巫商界大亨、著名华人伉俪，大星集团执行主席拿督刘义华和大星百货公司总经理拿汀黄碧芬回馈社会、服务社会的企业家精神影响着一代又一代诗巫人。每逢华人新年农历初一，拿督刘义华夫妇的家宅必向社会各界人士开放，各族人民（伊班人、马来人、华人等）皆登门拜年，屋主定亲自迎客，分享新年喜悦，充分彰显马来西亚多元种族与宗教之间的和谐与包容。

时常笑容满面，为人谦虚、和善的拿督刘义华乐谈道：“来我家拜年的访客大多数是大星超市、大星百货和大星购物中心的消费者，他们当中有的是从孩童时代跟随父母到我家拜年，到他们成家后带着孩子一起来。他们说，因为‘大星’有无可替代的亲切感。由于人数太多，前几年常常有访客鞋子丢失，所以我就决定让访客不需脱鞋就可进入我家。作为一名企业家，我认为，有所成就后，一定要回馈社

◎各族人士在农历新年到刘义华家中拜年场景

会，因为你是取之于社会。

“我的祖籍在中国福建闽清，我1952年出生于砂捞越诗巫拉让江下游王士来坡，是第三代华人。早期我的祖父母从中国福建搭乘一个月货船抵达新加坡（圣淘沙），因当时有不少中国移民或死或病，所以需要在新加坡‘中转’，船家会将病人遗弃当地，将死者抛下大海后再安排其余人乘船，最终抵达砂捞越拉让江岸。我的祖父上岸后不久就因病去世，我的祖母独自抚养三个孩子（五岁、三岁、一岁），生活在贫穷的华人小村庄。

“大约在我十九岁的时候，我的家庭就失去了主要的经济来源，导致我无法继续求学，所以就从小村庄到诗巫市做工，和许多打工者一样，我们都是两手空空地来到城市，夜晚屈居在面积狭小的房间里，条件艰苦，当时我们还是一样坚持了下来。那个时候的诗巫市采取了严格的管理措施，政府为了安置大量由乡村涌进市区的人，决定开设夜市给他们谋生。

“1974年，我22岁的时候，就和我的太太一起成为小贩在夜市摆摊。我们当时是专售纽扣，太太还缝衣服卖，为了吸引更多顾客，我们将纽扣染上了12种不同的颜色，并凭着创意，将盛装小鸡的木架进行改装，并涂上鲜艳的色彩，用来放纽扣。至今印象还十分深刻，夜市摆摊的第一个晚上，我们取得了6元5角的收入。

“当时我们的顾客消费水平相近，虽然摆摊的收入稳定，但却逐年渐少。最后发现当地人的生活水平、层次、收入有所提升，便有更高的生活愿景和追求，因此不再前往夜市消费。所以我在1977年的时候，在砂捞越大厦里面开设了第一间店铺售卖裁缝用品。不出所料，营业额明显地增加，仅第一天的收入就有60块。所以我相信，有创意、毅力与前瞻性，是很重要的，这也是我一路前行的动力。”

1979年，拿督刘义华夫妇于诗巫市海唇街开设第二家店铺，并结束夜市摆摊。

©刘义华与黄碧芬

1984年拿督刘义华如愿于诗巫买下第一间店铺，并开启其每一年皆设立新店铺的“铺王”进程，其营业范围亦不断增加，有裁缝用品、花铺、小五金、百货超市、家电铺、购物广场、酒店等，门市店铺曾多达二十二间。2007年，大星集团执行主席拿督刘义华在诗巫郊区建起面积达两万八千平方米的大型商场，并于2011年开业。随后，大星集团发展开始趋向建筑业，商业模块扩展至公寓楼、酒店。

作为当地成功的企业家，在工作繁忙之余，拿督刘义华夫妇始终热心支持教育事业和社会公益，积极赞助和支持政府的工作与慈善服务。如连续多年颁发成绩优异奖，砂捞越州

◎大星购物广场

各中小学及幼稚园学生，凭成绩单即可至大星广场领奖；曾予脊椎损伤人士大星广场的购物券，购买必需品；积极响应政府倡导，在购物中心设立哺乳室，共同提倡母乳喂养等。2014年，鉴于其为砂捞越州做出卓越、正面的贡献，由苏丹颁授刘义华拿督称号。

拿督刘义华向笔者坦言，2017年始，店铺生意有些许滑落，因网络购物的兴起，如淘宝、京东等，归根结底为中国之崛起。但永不言弃的拿督刘义华表示，乐见中国发展，自身将勇于接受挑战，以专业化（产品、服务）应对竞争，减少不必要开支等，加之有固定消费群体，经营模块亦不断扩大，大星集团仍会继续“走在希望的田野上”。

谈及中国，拿督刘义华语气坚定：“我的商品一半以上都是来自中国，其他的货就是马来西亚本土以及泰国等地的商品。1999年我就到中国浙江义乌大批购买商品，使我的生意有了充足的货源保障。中国就像是我们华人的温暖港湾，也是我们华人最坚强的后盾，在我们需要的时候给予支持。中国是一个拥有五千多年文明的历史古国，任何时候她都是‘以和为贵，友睦各国’，从来都不会主动挑起是非和争端，不像某些西方国家，以后的世界要依靠中国的‘大智慧’来主导。我身上流淌的是华夏儿女的血脉，我是中华民族的后人，我骄傲！”

生活富足并不代表精神富裕，以空暇之时阅读，各类书籍堆满书房，拿督刘义华毫不掩饰其对知识的渴求：“我经常阅读成功人士的书籍，并结合自己的经验，摸索出一套属于自己的商业哲学。喜爱阅读也是我步上事业成功的坚定基石。”

以仁爱之心，关爱大众，关心社会，拿督刘义华义不容辞：“从成功人士的身上我了解到仅由小商人上升到企业家并不足够，还必须进一步地成为慈善家，贯彻取之于社会，用之于社会的精神，这也成为我们的家庭文化。”事业发展永无止境，以实际行动，践行社会责任方可赢得民心、赢得时代，一往无前。

创业之路，披荆斩棘，唯你在旁，风雨同行，几经跌宕，相扶相助，伉俪情深，得以家大业大，方得无憾人生。事业路上从不孤军奋战，拿督刘义华尊重妻子、照顾妻子、体谅妻子，与拿汀黄碧芬携手开设数十间店铺，往后还要共看事业版图的辉煌灿烂。

拿督刘义华成长在动乱不安且贫穷的年代，为生计弃学，从摆地摊到开店铺，再到“满城皆铺”、购物广场、酒店公寓等，凭借商业智慧和前瞻性思维，发家致富。成功之路始终属于智者、勇者、勤劳者和坚定者。

根土不忘，情深之子

马来西亚马六甲第三代华人拿督廖奕琍，祖籍中国广东潮汕。为人开朗、健谈、勤奋，年轻时勇敢拼搏，得以中年家境殷实。其孝敬父母、养育子女成才，家庭幸福和睦，身上无不闪现着中华儿女的优良品质。

廖福保是拿督廖奕琍的父亲，慈眉善目，为人随和，平易近人。常坐于府中客厅，专注地翻阅华文报纸，廖福保甚乐意与笔者谈论旧时过往："我的爸爸从中国广东过来，我是第二代华人，在马来西亚出世。小时候留给我最深印象的事情就是割橡胶树，早上很早就要起床，每天几乎都要割500棵橡胶树，割胶（割橡胶树）是一件很辛苦的事情，没有休息，要不停地割。割出来的胶还要拿去卖，才赚到一点点钱。那时候，很穷，很苦！还好我生这么多的儿子，每一个都很懂事、听话。像是奕琍就很好运，做生意搏出了头，就安逸一点。我现在一得空就驾车出去约老朋友唱唱歌、爬爬山，日子就是要这样过，以前太辛苦了。现在中国发展得很好，很强大，很富有。我们华人在马来西亚都很有面子，当地人不敢看不起华人了。中国人不像是以前，被人家看不起，现在中国强大了，我们华人讲话都大声起来了。"

◎橡胶树林

2018年2月，廖福保因癌症不幸逝世，拿督廖奕琍时常忆起与父亲生活的点滴，并于府内向笔者讲述其家族的故事："我们家实际上是郑氏的后人。我的公公（爷爷）姓郑，来自中国广东陆丰县（今陆丰市）南塘镇潭头村。20多岁的时候和我的婆婆（奶奶）一起从广东汕头搭乘塞满人的船随着海风，在南中国海漂了大概三个礼拜才到达马来西亚。当时的船没有任何发动机和助推器，只有架起风帆迎着风势'漂'下南洋。

"到达马来西亚后，当时的生活条件非常落后，只靠养猪、种菜维持生计。那一年，我婆婆在年头生下了我的伯伯，年尾就生下了我的爸爸，一年内就生下了两个孩子，但是家里很穷，没办法养育这么多小孩子，考虑过后就把我爸爸送人，于是我爸爸刚出生不久就被送到了廖家，廖家人将他养大。在那个贫穷的年代，人们几乎没有娱乐节目，不像现在可以看电视、电影，逛商场等，所以养育孩子就像是那一代人的精神寄托，孩子大了就可以帮忙干活，或者出人头地，让家里不再穷困。

"廖家的公公是广东省揭阳市河婆镇人，50多岁的时候从中国来到马来西亚，娶了一名十来岁的华人女子（娘惹）。因为无法生育，廖家公公就领养了我爸爸，后来又再领养了一男二女。可惜在我父亲结婚之前，廖家公公就往生了，整个家就由廖家婆婆照顾着。我的父亲曾经愤愤不平，因为家里面的兄弟姐妹这么多（共有八个），为什么偏偏将他送人？既然廖家养育、养大他，他就立志：一朝改姓廖，生为廖家人，死为廖家鬼。

"我们家虽然是廖姓人，但是我还是跟郑家的后人有联系。前几年，我和我的郑氏兄弟曾经回去中国广东陆丰县南塘镇潭头村寻找郑氏的'根'，想拜祭郑氏的祖先。但是广东陆丰县南塘镇潭头村的郑氏宗亲没有等我们解释和说明来的原因就将我们赶走，他们说我们是外姓人没有资格拜祭郑氏祖先。自此以后，我就也没有去过中国广东陆丰县南塘镇潭头村了。"

拿督廖奕琍之于廖氏和郑氏，皆热心及关注。或许是远离根土者的心灵归宿，俗语言，水有源、树有根，重情重义的华裔拿督廖奕琍身体力行，担任马来西亚南马廖氏公会会长，致力廖氏宗亲会等华人社团的建设，使更多华人知根知源、热心公益，以达团结友爱，共同建设马来西亚，弘扬中华传统文化。

◎2013年，廖奕琍受马六甲州元首颁发“拿督勋衔”（Datuk）

久战商海的拿督廖奕琍曾于深圳罗湖，为有幸见证中国腾飞、富强，向笔者言：“中国的强盛不仅仅是中国人的荣耀，也是全世界华人的骄傲。廉洁的挑战性和重要性已不言而喻，把自律作为做人、做事、做官的基础和根本是每一位有理想、有抱负人士的修身之本。只有牢固理想信念不动摇，才能在实现人生伟大事业的路上行得正、走得远。”

时光荏苒，数十年来，拿督廖奕琍不计其数地往返于中国和马来西亚。在“一带一路”的倡议下，拿督廖奕琍的事业迎来许多新的发展机遇，其与众多中国厂商、企业家建立了良好的合作关系，为搭建友好的“中马”友谊桥梁，贡献出自身力量。几番寒暑往，风雨无阻中国行，属于拿督廖奕琍的华人故事定将越来越精彩！

丹河儿女，丹州情愫

◎黄崇锐

黄崇锐，1931年出生于马来西亚吉兰丹州，祖籍中国广东花县（今花都），是第四代华人。1852年，黄崇锐的曾祖父年仅12岁，随亲友于太平天国运动前离开故乡至香港，后从香港乘船南下抵达今马来西亚沙巴州古达，再辗转至吉兰丹。以打金器为生，并与客家罗姓女子成婚，定居于吉兰丹唐人坡（打铁街）。黄崇锐的祖父母皆为客家人士，祖父以航海为业，或因吉兰丹为沿海地区，故当时不少客家人从事航海。黄崇锐的祖父与外祖父（嘉应籍）为邻居，共住唐人坡打铁街，故黄崇锐的父亲和母亲自小便相识，青梅竹马，终共结连理，养育6名儿女。

华人在马来西亚任职高级公务员则相当普遍，有才干者，皆可一展所能。但至马来西亚独立后，华人公务员数量大幅减少。黄崇锐的父亲是马来亚的公务员，虽为第三代华人，但其思念故乡之情始终未变。黄崇锐的父亲常于众多中国籍友人处得知祖国情形，于家中大厅正中挂广东省地图，用笔圈出花县、梅县

（黄崇锐母亲故乡）。黄崇锐坦言，其父亲以一生未踏足故乡的土地为最遗憾之事。

◎黄崇锐与谭丽屏

求学之路历经日本侵略，日本人强迫当地群众学习日本语，黄崇锐不愿妥协，遂有三年多未读书，但其从不后悔，因民族气节重于一切。黄崇锐的夫人谭丽屏是广东开平籍人氏，小学时期两人为同学。中学毕业后，谭丽屏考取吉隆坡高等师范学校，而黄崇锐于吉兰丹中华中学毕业后随即担任华文小学教师。天之眷侣，红线暗牵，黄崇锐在二十三岁时亦至吉隆坡州立华文小学进修师资课程。谭丽屏的芳心早已暗许，其与积极主动的黄崇锐一拍即合，此类自由恋爱者，于当时实为罕有。抱持着共同理想，三年后，两人结为志同道合的恩爱夫妇，在华文教育之路携手并肩，风雨同舟，相濡以沫六十余载。

黄崇锐夫妇全力协助吉兰丹中华独立中学发展，发起复办吉兰丹中华校友会，筹办培华独立小学，助力吉兰丹中华独立中学招生工作，走遍吉兰丹州各乡镇，为吉兰丹中华独立中学广泛宣传。退休后的黄崇锐夫妇身体力行，实现教育大爱，成为中华独立中学永久赞助人。夫妇二人省吃俭用，数次捐款帮助吉兰丹中华独立中学，筹建校舍及参与其他筹募活动。

谭丽屏热心于教育，深感教育应从“幼儿抓起”，因“三岁定一生”，遂夫妇二人于家中开办十余年的幼儿教育中心。2005年，培华小学因增建教室而筹款，黄崇锐夫妇捐献一间教室。不久后，谭丽屏被确诊患癌症，但其内心依旧关注华文教育，初衷不改。当生命即将走至尽头时，谭丽屏仍提出设立大专贷学金的建议，帮助求学之子。2016年11月12日，谭丽屏终走完人生旅程。黄崇锐按照早期与夫人的共同决定，捐献十万元积蓄作为吉兰丹中华独立中学大专贷学基金。

强者立于伟人的肩膀之上，因师从林连玉，其教诲及品格对黄崇锐一生产生极其深刻且深远之影响。谈及林连玉，黄崇锐自豪道："林连玉先生是当时我师资训练班的华文老师。他很有名，我去吉隆坡培训之前已经久仰他的大名了。我很记得，第一堂是华文课，林连玉先生带着课本走进我的课室的时候，我十分欣喜，十分崇拜。他的教诲，我一生都记得，我也是深受他的影响，对华文很执着，很热爱。"

林连玉（1901—1985年），原名林采居，出生于中国福建省永春，厦门集美学校师范部文史地系毕业。1925年南下马来亚。原为一名普通教师，第二次世界大战后，以教育工作者之身份投身社会改革活动。为前马来西亚华校教总主席、教育家、社会活动家。

1954年8月，林连玉以教总名义提出列华语为官方语文之一，并向世界联合国申诉，请求其关注马来亚华人的地位问题。1954年11月，林连玉与马华公会会长陈祯禄爵士联手，成功阻止当局将华校变为英校之行动。1961年，林连玉因反对《达立报告书》强迫华文中学改制一事，被剥夺公民权并吊销教师注册证。

林连玉先生于1985年12月18日因哮喘病发不治逝世。其被马来西亚华人社会誉为"族魂"，为纪念林连玉先生及发扬其精神、贯彻其理想，以马来西亚华校教师会总会（教总）为首的十五个华人社团设立了"林连玉基金委员会"（简称"林连玉基金"）。创立后，林连玉基金以每月支付教总行政津贴方式将日常运营委托予教总行政处，亦设立为期十年的出版基金交由教总运作，以达资源共享、节约经费之目的。1987年，林连玉基金相关负责人在各华团、文教机构、学校团体等公祭林连玉先生时，宣布将林连玉先生之忌日——12月18日定为"华教节"。

黄崇锐谈及探究吉兰丹州华人历史之因："我相信现在吉兰丹唐人坡和散落的华人村庄还有很多历史尚未被发掘。有一年，我去拜年时，主人家家中的神主牌引起了我的兴趣，后来觉得要把历史写下来，让我的子孙和各族人民的子孙知道这个地方是我们各族人民共同开发，共荣共存的。"

黄崇锐夫妇实地调查及研究吉兰丹州各华人村落的社会结构和历史演化，风雨不改，搜集了百多件宝贵文物。黄崇锐遂将住家一楼规划为华人历史文物展览室，无偿开放供社会各界参观与交流，建立起传播中华文化的良好平台。2008年4月9日，“吉兰丹华人历史及文化协会”获准注册，黄崇锐于2009年被推举为会长。2011年7月9日，黄崇锐夫妇参加庆祝吉兰丹华人历史及文化协会三周年纪念暨筹募活动。已身罹癌症的谭丽屏讲述其亲身搜集之史料“吉兰丹华人迁徙及开拓史”，引起全场人士对吉兰丹州华人历史的关注。

2017年第三十届林连玉精神奖颁奖典礼于吉隆坡举办，黄崇锐夫妇获得林连玉精神奖。其毕生皆致力华族文化与教育建设，探访走遍吉兰丹州50多座华人村落，积极发掘、整理、保护与研究先民之迁徙史迹。黄崇锐夫妇努力开创之成果无疑对马来西亚华人历史研究具有引领和指导作用。

◎林连玉精神奖奖牌

后黄崇锐决定将坐落在吉兰丹州哥打巴鲁唐人坡，占地13 000余平方尺的屋地，连同一栋住屋及燕屋，捐献予林连玉基金，供成立吉兰丹华人历史文物馆。高龄的黄崇锐依旧坚持对吉兰丹华人村落进行田野调查，冀望吉兰丹华人历史文物馆能永续经营，使各界人士、各族人民认同华族对马来西亚的贡献。

忆起妻子，黄崇锐有感道：“我们去实地调研时，是我开车，太太打理内勤。太太就早上煮好食物带去，中午吃。我的太太很有想法的，很热心教育，做事情很执着，夫妻就是要这样相互扶持，相互鼓励。之所以成功是因为我和太太思想一致，同心协力，朝着一个目标前进。‘心往一处想、智往一处谋、劲往一处使’。”

访吉兰丹华人历史及文化协会会长黄崇锐一行，实受益匪浅，承蒙黄崇锐老师详细讲解及著书指导，笔者得以了解当地风俗风情，华人迁徙之路线、过程，使著书之路如虎添翼，方向明晰。与此同时，笔者亦深知，学问之道，事必躬亲，兴趣即良师，故常常不知疲倦，只为探求心中疑惑。回顾黄崇锐老师的田野考察历程，其生于、长于吉兰丹，受吉兰丹河滋养，对吉兰丹的深深热爱，鉴于心，始于行。其亦身为华族儿女，感荣光无比，因根之所在，心之所爱。

中国国家主席习近平曾借用“根”与“魂”，旨在强调传承和弘扬中华民族优秀文化传统对于国家发展和民族振兴的极端重要性。中华民族在五千多年的文明发展进程中，创造了博大精深的文化。它积淀了中华民族最深沉的精神追求，包含着中华民族最根本的精神基因，代表着中华民族最独特的精神标志，是中华民族生生不息、发展壮大的丰厚滋养。中华文化虽历经朝代更迭、外族入侵而绵延数千年不绝，成为世界文明史上唯一没有中断的文化，已经融入中华民族的血脉。传承和弘扬中华文化传统是一项系统工程，需要包括海外华人在内的全体中华儿女的共同努力。我们需要做到文化自信，没有自信就没有传承的意识，没有自信就没有弘扬的动力。我们只有在民族文化上做到足够的自信，才能在思想和行动上做到自觉，传承与弘扬民族优秀文化传统才会落到实处。

万水千山总是情

◎中宝

中宝，1958年出生于中国香港，是雅加达唐人街香港点心的创店人，食肆主售流沙包、春卷、煎堆、马来糕、烧麦、虾饺等。

初见中宝师傅，其浓厚的香港腔调使笔者感到分外亲切，一见如故，如置身香港。中宝师傅亦喜笑颜开道："我系地道的香港人，20世纪60年代，我正在读小学，住在大澳。大澳的海洋资源丰富，我的外公系渔民，他以捕鱼、晒鱼干及制作虾酱出售为生。由于每日早晨就要赶市集，每日五点左右我就会被外公叫醒，然后我们两个人就到酒楼饮早茶。当时的酒楼不大，人流量不算多，点心多系包点，我依然记得当时一个叉烧包系三角钱港币。以前的点心都是手工制作，数量不会太多。我最中意就是看着酒楼的师傅用手就能够制作出各式各样的包点、点心，所以我慢慢地对制作点心产生兴趣。之后我就拜师学艺，十五岁开始在香港的酒楼工作，从最低层做起，包括洗菜、切菜、打扫厨房卫生等。其实香港点心严格来讲系与广州点心存在不同，无论怎样，香港点心始终是属于香港人的共同历史记忆和独特的家乡感受。

"到我二十八岁的时候，亦都成为点心师傅，就离开香港到广州、西樵（广东省南海区西樵镇）的酒楼做点心，之后再被邀请去日本、韩国、新加坡、加拿大等国家，一路都是做香港点心和粤式菜。再后来，因为一个新加坡华人老板到印尼开分店扩展酒店生意，我就被邀请到印尼掌厨。当时我初到人生地不熟的印尼，最困难、痛苦的事就是学习印尼话，虽然难，但一定要学，因为在这里工作。我就从最基本的单词开始，吃（Makan）、米饭（Nasi）等抄写在一张小纸条上，每日重复学习，抄写句子，再同当地人沟通，慢慢就学会了。

“之后我就遇到一位志同道合的老板，我向她租用铺头，创立香港点心店。最根本的原因就是大儿子，我希望他有一技之长，有立足之地，发扬香港点心文化。现在我的大儿子已经着手打理这间店，步入轨道。我们两父子每日都会准时到店铺，预备当日营业的食物和打理店铺的事情。我最开心的事就是同大儿子一起在店里研究新产品，看着儿子日渐熟练的点心手艺，我就会感到相当欣慰。

“现在只要是中华传统的节日，我都会制作应节食品，譬如农历新年前夕制作年糕；端午节前夕制作粽子；中秋节前夕制作月饼等。这是我们华夏儿女的节日，我们应该传承和发扬。

“人生历程就好像站点，就好似你坐汽车、飞机或火车等，中途有下车、转乘。或者你自认为抵达终点，但是命运不是这样安排的话，你还是要重新坐飞机、汽车或者火车，到属于你的终点，可能在前方，亦可能在更远的地方。我就是这样，兜兜转转，我从未预想过最后一站是印尼，但我最终就是在印尼落脚、生活，并且在这里完成了许多人生大事。”

白驹过隙，沧海桑田，种种经历皆为人生中美好的风景，如坐火车时经过田园，金黄的稻田海呈现随风起浪的美丽画卷。虽沿途风光秀丽，但起点的记忆往往是深刻而值得回味，因包含了抉择、汗水和不舍。尽管中宝师傅游历多国，离开香港几十年，但其纯正的“香港腔调”始终未改变。无论工作于何地，皆围绕“香港点心”而展开，传承予后代的还是那制作一笼笼、一碟碟点心的手艺。这是一位香港游子，对那颗闪耀世界的东方之珠最长情的告白。

第五章

南洋心声 一路同行

访谈摘录

（Excerpts from interviews）

访谈摘录

于马来西亚槟城：

◎钟耀章早年与家人合影

“我外曾祖父的名字叫钟耀章，他是祖籍广东省梅州市梅县的客家人，家中有四兄弟姐妹（一兄一弟和一妹），他排行第二。有一天，无情的大火，把家里烧得面目全非，支离破碎，让家庭瞬间陷入困境，作为大哥的外曾祖父为了支撑家庭的经济，决定离开家远渡南洋打工赚钱帮补家庭。在码头送别时，兄妹分离之痛涌上心头，想到此行已不知何时能再见面，三兄弟与小妹泣不成声。为了让家里经济条件尽快好起来，三兄弟商量后决定留下小妹一人在家乡，三兄弟出外打拼，兄妹间充满了离情别绪，却只有无奈。大哥远渡缅甸仰光市，二哥（外曾祖父）与三弟到印度尼西亚万隆市谋生。

“后来印度尼西亚爆发排华事件，二哥与三弟逃难到今马来西亚大山脚一带，二哥在大山脚日新华语小学附近经营起冰水铺，小生意让日子充实起来，并积累点滴积蓄。外曾祖母则在家养猪为生，两人相濡以沫，相依为命，共养育了7个孩子。外曾祖父和外曾祖母始终抱持着一个信念——无论多累多辛苦都要共同撑起这个家。

“转眼间，在缅甸的大哥已事业有成，也邀请两个弟弟移民去仰光一起生活，二哥因考虑到孩子们尚且幼小，迟迟无法抉择。最后，二哥选择留在马来亚，也是因为这个决定，导致后来这个家庭的命运发生了极大的变化。

“1941年日本军队入侵，马来亚沦陷，伯公（外公的哥哥）正就读中学——钟灵（国民型）中学，年轻气盛且爱国的伯公也参与了抗日运动和同学们一起反对日本军队的侵略行为。一天夜里，日本皇军逐家逐户地敲门搜查抗日分子，伯公一不小心开了门就被日本皇军捉去调查。在当时，10个被日本皇军捉走的人，9个都会销声匿迹，再见已是坟头上。当时外曾祖父为了寻回儿子，到处探听消息，却只打听到许多抗日分子都会被捉到 Sungai Petani，并且这些孩子会被日本皇军的狗活活咬死……

“外曾祖父闻后，万念俱灰，老泪纵横，担忧不已。儿子杳无音信让他心急如焚，如坐针毡，但外曾祖父始终抱持着‘儿子一定会回来’这个信念，每日除了到处去打听消息，更多便是看着家里的大门，期待着儿子的归来。

“日复一日，年复一年，带着寻子未果的遗憾，外曾祖父于82岁时往生，两父子再无机会在人间见面。”

——李宗发

2018年2月14日

Excerpts from interviews

于新加坡乌节路：

◎吴光真

“1927年我的父亲吴孟宗出生在福建南安，尽管家中并不富有，但长辈对后辈的人格教育极为重视。因为当时中国局势很乱，我的祖父最终决定让父亲到南洋地区过生活。经过几天几夜，父亲和一众同乡到了厦门，后来再辗转到广东的汕头下南洋。我的父亲和同乡们所乘坐的货船在海上航行了25天，最终抵达新加坡的红灯码头。在这个新加坡南端的码头还需换乘小船才能抵达新加坡河北岸的克拉码头（Clarke Quay）。在克拉码头上岸时，父亲身上仅有祖父给的两块七角五分钱。他的第一份工作是当苦工，在码头做搬运工人，他非常勤奋，吃苦耐劳，不久就受当时的头家（领头人）关注并留下好印象。他还以人缘佳、品格好而得到大家认同。随后他被工友介绍到工地上当建筑劳工。父亲在建筑工地上边做工边学习，持续了四五年。慢慢地开始承包小工程，渐渐起家，开办了小型建筑公司，成为当地小有名气的建筑家。

“大学毕业后我就进入了新加坡警队，后来考入新加坡警察局任职警员。我守护了新加坡的治安和平24年，中途曾加入新加坡飞虎队，因表现优异，进而被选入新加坡派往联合国的和平部队。

“我的第一次出征是在南斯拉夫内战时期，执勤于联合国维和部队的地面部队，目的是维护该国和平，调停内战。其实南斯拉夫没有战争时是一个很美的地方。内战后，却变成了‘鬼城’。南斯拉夫是多民族国家，塞尔维亚族是最大的民族，主要信仰基督教，屠杀信仰伊斯兰教的波斯尼亚人，死亡人数约15万。

“在之后的维和行动中，我到过以色列、巴基斯坦、伊拉克等国家执行任务。战争的残酷和人性的本质让我体会到人生的滋味，我非常痛恨随随便便结束自己生命的人。每一次的维和行动都充满着众多不确定性因素和危险性，我从不敢多想以后的日子如何，因为战乱随时会夺取我的生命。我每次回家，我的母亲总会为我送上热饭暖菜，每次吃饭的时候我都会望着母亲，跟她说：‘谢谢你，妈妈，谢谢你煮饭给我吃。’这个从小到大的习惯到现在都没有改变，母亲每次听见都会热泪盈眶。”

——吴光真

2018年5月6日

于印度尼西亚雅加达第18届亚运会游泳馆：

“我是中国辽宁锦州人。2013年印尼雅加达的培民学校教务工作人员到中国安徽师范大学招聘对外汉语教师。当时我的校友，现在是妻子，她是汉语言文学专业的学生，在毕业前参加了这场招聘会，且培民学校有录用她的意向。我当时已毕业一年了，在安徽省合肥市一所高中担任班主任兼政治老师，但我和她对教育抱有极大热忱，也想借此机会了解海外华文的教育状况。所以，最终决定一同到印尼参加教育工作，一是照应彼此，二是为海外华文教育工作贡献出自身的一份力量。

“我深刻地记得我们国家主席习近平谈教育发展的时候说过：‘教育兴则国家兴，教育强则国家强。人类社会需要通过教育不断培养社会需要的人才，需要通过教育来传授已知、更新旧知、开掘新知、探索未知，从而使人们能够更好认识世界和改造世界、更好创造人类的美好未来。’这段话一直激励着我，也成为我从事教育事业的动力。

“我通过多年观察，发现印尼当地的家长和学生都意识到了学习中文的重要性，不仅是因为中国快速发展所产生的文化辐射，更是因为他们是华人，是炎黄子孙，应该学好自己的语言。即便如此，日常教学中还会遇到各式困难，当地学生因缺少华语的语言环境，故华语掌握并不牢固。受特殊的历史环境影响，学生们的父辈大都已不懂中文，平时交流主要以印尼话和英语为主，不利于华文学习。随着当地民众对华文文化的认同逐步加深，中国的国际影响力日益增大，与全世界的文化交流日益增多，当地学校与中国内地的政府机构、高校单位开展多种文化交流活动等。

“对于我们身在海外，坚持在一线工作的汉语教师，能够真切地感受到祖国的快速发展，对华文教育产生的巨大推动作用。每天的教学都是在不断尝试，不断努力让他们（学生）学好（华文），想尽各种方式、方法，尽管很累，但我感到很自豪。虽然印尼十几年前再次开放了华文教育，但是没有汉语家庭背景的孩子学起来

◎徐天艾夫妇

的难度跟外国人一样，很多孩子因为难学，同时因为华语也不是中、高考的必考科目，在巨大的升学压力下，炎黄子孙的文化传承和现实的考量对撞起来，家长的选择也更理性，我们也只能理解。当今世界和平与发展是主流，中国与印尼之间的交流也日趋频繁，所以即便困难，华文教育也还是充满希望的。我坚信，经过这些坚守下来的对外汉语教师们的不懈努力，能让华文在海外发光发热，因为我相信星星之火，可以燎原！”

——徐天艾

2018年8月19日

于印度尼西亚雅加达Glodok唐人街万成药铺：

“我爷爷的名字叫游彦丞，他是从中国福建永定坐船来到印度尼西亚生活的，那时爷爷和永定的乡亲们坐船下南洋要两三个月的时间，有些还需时半年。我是第三代客家华人，1933年在印度尼西亚出生，这间药铺是我爷爷创办的，我出生那一年就开办这间药铺，因为我爷爷很疼爱我，希望我能够接手他的中医事业。所以这间药铺跟我同岁数。爷爷刚开始是在雅加达的‘小南门’（Pasar Pagi Pintu kecil）摆摊卖中药材，直到我出生那一年。我出生后爷爷非常开心，他就在这里

（Glodok唐人街）开办这间万成药铺，就教我中医药学识，而且我妈妈是中医，我小时候就常常到药铺。

“因为福建永定是山区，山头生长着各种各样的草药，永定民众对中草药有研究。我的爷爷游彦丞在故乡永定专门学习、研究中医药。乘船来印尼的时候，行囊里装满中草药，他希望能在当地开展中医药工作。当时，不少来自福建永定的华人落脚印度尼西亚后多从事与中医药有关的生意，比如开办药材铺、摆摊卖中药材等。如今雅加达Glodok唐人街林立的药铺掌柜几乎都是福建永定籍华人。

“1940年，我七岁，入读雅加达当地华侨学校，与同学一起学习、玩耍是在学校读书最快乐的日子。1945年，日本军队将游彦丞（爷爷）等热血人士抓进集中营，我的爷爷被日本军人用酷刑折磨，将他的手指甲拔出后撒上盐，最后我的爷爷病死在集中营。

“我这一辈子很多事情都经历过了，人要记得自己的根在哪里。尽管我已经有八十多岁了，但我也会自己搭乘飞机到福建永定，望一望乡景、山景，看一看族谱、远方亲人，讲一讲客家话。不仅如此，我几乎每年都到香港看望两个弟弟，因为人在，亲情就在。”

——游老伯

2018年8月21日

◎游老伯幼时与母亲及兄弟姐妹

于印度尼西亚山口洋市“68号”面店：

◎刘展业

“我是第二代华人，1949年在西加里曼丹山口洋出生，祖籍中国广东揭西龙潭陂尾楼村（新中国成立初期，龙潭属河婆区辖的乡，1958年属河婆人民公社。1986年改称龙潭镇，现归属揭西县管辖。）我的爸爸年轻的时候因为家里贫穷就离开中国，从广东坐船先到印尼的勿里洞，做采锡矿工，后来他听到当地人说加里曼丹更容易讨生活就跟着他们到山口洋。我爸爸有跟我舅舅学习制作熟食、面条等，所以他就推着面摊车在街边卖手工面，这样来养大我们十个兄弟姐妹。我六岁的时候就和兄弟姐妹们跟爸爸学做面，后来爸爸身体不好，我小小年纪就开始在街边卖面，帮忙家里。

“因为我是华人，我有着我们客家人那种勤劳勇敢、刻苦奋斗的品质。我的‘根’在远方的客家乡村。总想回河婆故乡见见亲人、吃吃面。我经常去河婆，我外祖父是河婆人，我几乎都将家里人的故乡去遍了，1993年我去到了外祖母的家乡梅州五华县，看到了我的姨婆（外祖母的姐姐），见到远方亲人的感动真的很难忘。

“我和妻子不仅讲客家话还有讲华语，所以我们的三个孩子（一男二女）都会跟着学华语，可能我妻子想通过这样的方式让孩子们学会华语。现在不仅我的孩子，连我的外孙、孙女们都会讲华语还很流利，为了赶上他们，我每天都看中国电视台。我知道我和新中国同岁，我也很自豪，我希望中国能强大，繁荣。今年我也70岁了，我要好好保重身体，希望以后可以跟中国一起度过100岁的生日！见证中国和印尼关系越来越亲密！”

——刘展业

2019年1月24日

于印度尼西亚山口洋市“333号”药店：

◎黄威康

“我是第四代华人，1959年4月22日生于西加里曼丹山口洋，祖籍中国广东梅县白渡镇长田村。我的曾祖父在中国从事中医，他带祖父和家人跟随同村人下南洋，首先落脚印度尼西亚东爪哇泗水，后来在1935年迁居山口洋售卖中草药。

“我在读书的时候因为各种问题无法学习华文，但是我的内心极其热爱祖辈传承的中医药学理。我的父亲不愿意教授我中医书籍的内容，因为我不会华文。为此我下定决心跟随母亲学中文字，一字一字地认，一句一句地读，因此在八个兄弟姐妹（四男四女）当中仅有我懂华语和中文字。在山口洋几乎通用河婆客家话，许多华人不懂华语，只会客家话。

“1989年，我30岁，正式参政。我清楚地意识到，要保留和弘扬华文和中华文化。我刚刚上任就结合印度尼西亚‘五大建国原则’向政府建议：保留中华民族传统文化、习俗；传承中文；保护华人各式古神庙，并借助古神庙发展旅游业，促进当地经济发展，所以现在山口洋华人庙宇‘遍地开花’。不久后，我成为当地议员，积极地为华人争取成为印度尼西亚公民的权利，争取与友族人士平等待遇等各项应有的权益。2000年，山口洋客属公会成立，我任会长与客属公会代表成员团一起到雅加达，向中央政府提议开办中文补习班，将当地年轻教师保送至中国学习并提高华文能力后回国教授华人学生等。

“现在山口洋市长蔡翠媚落实了山口洋机场的建设，这几年内应该会建好。因为总统佐科维要建设快、质量好，所以要中国的建设公司来这里，中国建设建筑、高铁等等最厉害，速度比较快，说两年建好就一定两年内建得好。还有一点要清楚的是，我们是印度尼西亚国籍的华人，中国强大我们很高兴，两个国家之间的经常性交流让我们可以学到正宗的中华文化。

“对于中华文化和华文教育，我是最重视的，我们可以穷，但不可以穷文化，失去了30多年的华文，我们要用最快的时间学回来，只要年轻华人都会讲华语，懂华文，我就高兴了，因为有接班人了！我的孩子全部都会华文，我一定会把他们送去中国念书，把华文学得更好。我要让他们学会孔子提倡的礼仪、廉耻、忠孝、仁爱，让他们熟读弟子规，做一个合格的华夏儿女。推动华人文化与当地融合就一定要多与友族人士沟通、交流、联系。”

——黄威康

2018年1月25日

于印度尼西亚坤甸日报报社：

“印度尼西亚中断过华文教育，整整32年！以邻国马来西亚和新加坡为例，他们的华语几乎能跟中国接轨，而我们的部分华人，连华语都不会听，何谈传承？自华文教育开始被关注后，华文学校、补习班多了起来，这是一个可喜的现象。可是，以印度尼西亚的整体华语水平而言，我们不仅仅要学华文，更是要追赶。华人学生应以追赶的状态去学习华语，去弥补我们那32年的断层。西加里曼丹华文教育协调机构（2004年创办）和师资培训班则是落实华文教育在当地广泛推广及提高教师能力的又一项有力举措。”

——陈得时

2018年1月28日

于印度尼西亚西加里曼丹省坤甸：

“我出生于1949年，是第二代华人，祖籍中国广东潮州。我父亲热爱中华文化，并在西加里曼丹开办华文学校，但不久后学校被迫停办。我的兄弟姐妹都是在父亲的教育下学通、学懂华文，但是父亲办华文学校的遗憾一直深深地印在我的心中。发起创立共同希望语言学院是我实现传承华文心愿的重要一步，虽步伐艰难，但是我想起父亲的理想，总感觉到动力十足。开办华文高等学府的压力来自于教师资源的不足，学生数量有限，当地政府无任何形式的补贴。因为华文在印度尼西亚的广泛运用程度低，华文文凭可用之处少，多数只在中资企业可用。又因为当地华人的华文水平有限，无法胜任教学。尽管中国政府有相关政策支持中国援外教师，但最大障碍依旧是印度尼西亚政府对外籍教师的条例限制过多。随着华文地位的提升，学生渐选择修读华文，学校则面临‘学生想学，却没有老师教’的困境。”

◎陈慧珍

——陈慧珍

2018年1月28日

于印度尼西亚西加里曼丹省坤甸共同希望语言学院：

“我小时候就有学中文的欲望，我是家里最大的孩子，还有弟弟妹妹要念书，所以父母就无法资助我学习中文。学习中文的梦想就停留在心里，直到读大学时，我就出去打工挣钱为自己补习中文。掌握中文可以使自己更有竞争力，给自己的未

访谈摘录

©陈燕娜

来更多的选择，但是当时自己的中文水平一般，过去的中文学习都不系统，汉语拼音都没掌握好，我就下大决心苦练中文，刻苦学习。功夫不负有心人，我拿到了由西加里曼丹省华文教育协调机构推荐，中国驻印度尼西亚大使馆的奖学金到中国北京读研究生。但困难才刚刚开始，中文太深奥，我阅读中文书籍的速度根本无法与当地学生相比，但是这并没有击垮我，我加倍努力，夜以继日地苦读，苦练，才达到今天的水平。现在我跟我的孩子都是用中文交流，我认为，作为华人能够讲中文是最基本的事情。我现在在国立大学任教，教授印度尼西亚的学生（包括友族的学生，占90%），让他们真正地学会中文，传承中文。”

——陈燕娜

2019年1月28日

于印度尼西亚北雅加达：

“我父亲来自中国广东揭阳。大半个中国我几乎都走遍了。我希望我的孩子能多点接触中文，于是我将他们安排到广东工作和生活。我生在印尼，长在印尼，但我的根在揭阳，我手上还保留有故乡广东揭阳村委开给我的村民身份证明。以前的人们因为生活困苦，选择下南洋讨生活，我的祖先抵达了印度尼西亚，在这里落地生根，延续了几代人。我是印尼籍人，我感觉中国也是我们印尼华人最大的，家一般的港湾。”

——李贵坤

2019年2月1日

于马来西亚沙巴州山打根金冠面包中西饼店：

“我很佩服中国的桥梁工程，很优秀，那座港珠澳大桥听说很漂亮，很壮观，我没机会去看了，只能听新闻讲，我年纪大了，回中国不方便，只能在马来西亚听新闻、看报纸了解中国的现状。还有就是中国的高铁、铁路建设，真的是又快又好。马来西亚能让中国来建造高铁或者列车，那真的就是一流。”

——沈老伯

2019年2月13日

于马来西亚沙巴州山打根金冠面包中西饼店：

“我们虽然是生活在国外的华人，但是我们还是很爱家乡的。我们的根还在中国，祖先的骨头还埋在中国。现在中国的‘一带一路’讲的是共同发展，所以才会有很多国家加入‘一带一路’。

——一位客家华人

2019年2月13日

访谈摘录

于新加坡西樵同乡会：

“我祖籍在中国广东顺德，1944年出生于新加坡。从1990年开始去中国旅游到现在，几十年来我一直保持这个习惯，我已经走遍了中国的每一个省份，23个省，5个自治区，4个直辖市，2个特别行政区，都有我的足迹。中国实在是地大物博，景区、乡村让人舒适、写意。我感受到中国真的是发生了翻天覆地的变化。”

——岑亚伦

2019年3月18日

于新加坡红山著名红龟粿店：

“这间红龟粿店从20世纪80年代营业到现在，客人有两代人都在光顾我们店。我们主营红龟粿，红色代表祝福和喜庆，希望吃到我家红龟粿的客人都能顺顺利利。新加坡的华人孩子满月的时候就会订红龟粿，在福建华人的家庭，如果生的是女儿，就要订红龟粿，如果生的是儿子，就要订红圆，就是那种红色圆形的粿。

◎新加坡律政部部长英兰妮（左一）与杜老伯家人

“我的家乡在中国福建省晋江，我很想回去，但是我家乡都没有亲人，我父亲都不知道家乡的亲人有谁，何况我？我的奶奶是泰国人，我的爷爷姓陈，是戏班的演员，时常赶戏，休息时间和地点都不定，因为这样就把我的父亲让给了姓杜的新加坡华人，所以我和我的兄弟们都是姓杜的。有时候我都会很羡慕能回去中国家乡的华人，他们都有‘根’。

“1949年7月我在新加坡出生，可能是和新中国同岁，我对于家乡有一种特别的怀念。就像是我正在做的红龟粿，一定要用叶子托住底，因为这是传统的东西，一定要保留，不能懒惰用纸托底，这样就不是传统的红龟粿。还有，叶子要用香蕉叶，我每天都会亲自洗净和擦干香蕉叶再剪成正方形，几十年都是这样子做下来。用香蕉叶才会有特别的香气，因为叶子是有生命力的东西。就像是中国，她古老、文明，这就是她传统的生命力。”

——杜老伯

2019年3月19日

于新加坡NUH Medical Center：

“我是第三代华人，1964年出生于新加坡，祖籍中国广东潮阳。也许正因我是潮汕人，所以我的父辈和我都演绎着一部新加坡潮汕版的《爱拼才会赢》。我父亲很早期就在现在的植物园门口卖鱼丸面，开杂货店等。后来1968年开始在小贩中心经营鱼丸面。1993年，我28岁开始自己创业，到我35岁的时候就已经有20多个摊位了，遍布新加坡。2000年创立自己的公司，2005年到2008年在Orchard

©倪饮华

Road（乌节路）开了一个6000方尺的食阁。目前经营这间‘Red Spot’的饮食中心。叻沙（Laksa）是一种加入椰浆的酸辣汤面，有很多食谱，每个人做的都是不一样的味道，我现在卖的就是我阿嬷传下来的，味道是独一无二的，这是我们家的独家食谱，到现在已经传了三代了，我希望能一直传下去。

“现在我们家都还有跟中国的亲戚联系，每年过年都会去中国拜年，家乡的人很热情。前些年，家乡要修建屋子，我们都有寄钱回去，毕竟我们来自中国潮阳，家乡好，我们也很开心。中国的崛起，我们看在眼里，我祝福中国越来越强大，中国和新加坡的友好关系更上一层楼。”

——倪钦华

2019年3月20日

于马来西亚吉兰丹州我们的咖啡店：

“我名字是黄胜忠，祖籍是中国广东，是第三代华人。我爸爸黄永华1956年出生于彭亨州，九岁时父母因意外离世，我爸爸就跟随我的伯伯到吉兰丹州生活。在快退休的时候开始经营‘Kopitiam Kita’（我们的咖啡店）。我爸爸很喜爱马来食物，开店后走遍吉兰丹州各个县镇和村庄，寻找制作马来传统食物老人家，每天早上五点亲自驾车到他们的家里载食物返回店铺卖。有马来糕点、马来包饭（Nasi Berlauk）、Nasi Dagang、Nasi Lemak、Nasi Tumpang（隆邦饭）、Nasi Lauk等，马来食物选择很多。我爸爸经营咖啡店以‘勤’字当先，这也是我们华人的优秀品质。顾客的要求就是他经营动力，有食客认为奶茶和咖啡泡沫不够，我们尝试改良后，就造出现在卖的泡沫奶茶和咖啡。我爸爸一直有将烤面包和半熟蛋结合的想法，后来在2008年去中国旅行的过程中得到了灵感，就在2010年的时候在店铺售卖嘀嗒面包（Roti Titab）。

◎黄胜忠（左一）与父亲

“‘Roti Titab’的名字有一个故事，我们以前时常自己切面包，刀在砧板上发出嘀嗒嘀嗒的声音，所以我们就用‘Titab’来做面包的名字。在厚的方形烤面包的四个角点上咖椰酱（Kaya），在中间打上一个半熟蛋的做法是我们独创的，还在2017年申请了专利。当时我们推出的时候，整个马来西亚都出现了我们做法的面包，但是我相信原创的我们一定是做得最好的。我想要顾客到吉兰丹才能吃到这种面包，这样才有意义。我们很在乎品质而不是分店数量，要把食物做得好吃才是最重要的。我现在也有结合社会发展趋势来经营，我们和航空公司、电讯公司等合作，我们要将这个品牌打造成吉兰丹州的名牌。”

——黄胜忠

2019年3月28日

访谈摘录

于马来西亚登嘉楼州甘马仕海南村：

©王祚锦

“我的祖籍在中国海南省海口市琼山区大坡镇，我出生在马来西亚登嘉楼州甘马仕海南村。从小就常常听公公讲起家乡海南的状况，我都很认真听，并从他的口中知道关于海南的事情。我曾经回去过海南家乡几次，每次海南的变化我都看在眼里。日后我一定会再回去家乡看看、走走，毕竟我是一个海南人。现在的中国越来越强大了，我也为中国感到骄傲，因为我们华人的‘根’都在中国，所以我们都期望中国能发展得越来越好，中国和大马的关系也越来越好，我们就会感到欣慰和自豪。”

——王祚锦

2019年3月30日

于马来西亚：

“每年的清明节，我都会到武拉必公冢祭拜祖父母。如果祖父母是漂洋过海南来的第一代人，那我算是他们的第三代子孙。祖父母原籍广东梅县人，祖父本名钟银章、祖母杨带英，两人都是客家人士，只会说纯正的客家话。依据墓碑所志，祖父于1978年仙逝，时年80高寿。在我印象中，祖父长得高头大马，在他晚年岁月

©钟龙昌一家

里，挺着又圆又大的肚子，手中常拿着葵花扇，尤其在吃过晚饭后，更担着一张藤椅，在其经营了几十年的杂货店外坐着纳凉。

“一直以来，清明祭祖都是华人最重要的和最重视的节日之一，因为我们是华人，华人传统一定要保留，追忆祖辈那些艰难的岁月。”

——钟龙昌

2019年4月1日

于马来西亚巴生港口锦盛蛋糕店：

“我祖籍海南文昌，我是第二代华人，1970年出生于马来西亚巴生。这间店铺从我父亲起经营，直至我接手蛋糕店后，创新是我一直在做的事情，因为时代是不断进步的，于是我在父亲的基础上增加了榴莲味，我用的榴莲是实打实的猫山王榴莲，只有这种品种的榴莲才会和蛋糕结合得完美。除此之外，我还有研发火龙果、芒果等口味，如果是拿调味剂来制作，那一定不难，但是我是用果肉去制作，水果本身的条件就限制了蛋糕的创发。比如火龙果的果香味不足，芒果的纤维过多等。尽管如此，我依然相信创新是店铺的灵魂，在坚持品质的前提下，创新是源源不绝的动力。

“我的蛋糕受众范围涵盖了三大种族（马来族、华族和印度裔）。曾经有一件事让我记忆深刻，并且也激励着我在制作蛋糕的路上永不言弃：曾有一天，我接到一个客人问路的电话，我耐心地指引了他一个多小时才找到我的店铺，他是一个印度裔人，他很慌张，因为他姐姐快要生产了，但有一个愿望就是要吃到我的蛋糕。那一刻，我的心暖意满满，无比感动。在以后，每当我遇到挫折，我都会忆起这一段和许多难忘的回忆，鼓励着我前行。

“在我父亲退休时，就发生了一场‘美丽的误会’。我们对外宣布锦盛蛋糕店店主荣休时，大家都以为我们要结业了，毕竟也是老字号，所以新、老顾客都涌进我的蛋糕店买蛋糕，那水泄不通的场景，持续了好多天，到现在我还记忆犹新。

“我很小的时候就已经跟随家里人回去过海南，每一次回去都会有新的变化，一切都历历在目，这就是家乡的发展。家乡的发展离不开中国的强盛，我祝愿故乡越来越好，中国越来越富强，中马关系越来越好。”

——郑馨州

2019年4月2日

◎锦盛千层手工蛋糕

于印度尼西亚班达亚齐:

“我的祖籍在中国广东梅州，我的母亲是叶剑英将军的后裔，我和我老伴一得空就会回去梅州看看那里的亲人和朋友。我梅州的亲戚是家风优良的大家族，我一直以他们为骄傲。这里年青一代的华人孩子比较少懂华语，像我们这些老一辈的就会华语。中国很多地方我都去过了，感觉很好，我祝愿中国更强大，中印关系能变得更好。”

——叶朝霞

2019年4月17日

◎叶朝霞

于印度尼西亚巨港新巨港咖啡店:

“我是一名海南人，祖籍中国海南省文昌。这间咖啡店是我爸爸留下来的，原本我也不想做茶室的，但是海南咖啡是我们海南人的招牌，不做又好像很可惜，所以我就接我爸爸的班。我现在的文昌话还是能够讲的，同家乡的人讲的一模一样，回到文昌的时候，他们都以为我是当地人。海南的变化我都有关注，特别是家乡，现在我年纪大了，得空我就安排回去看看家乡的亲人，那里有我的弟弟还有我的侄儿们，符姓是海南的大姓，总的祖先是四兄弟，从福建迁移至海南，所以我们海南的符姓人都是一个大家族。

访谈摘录

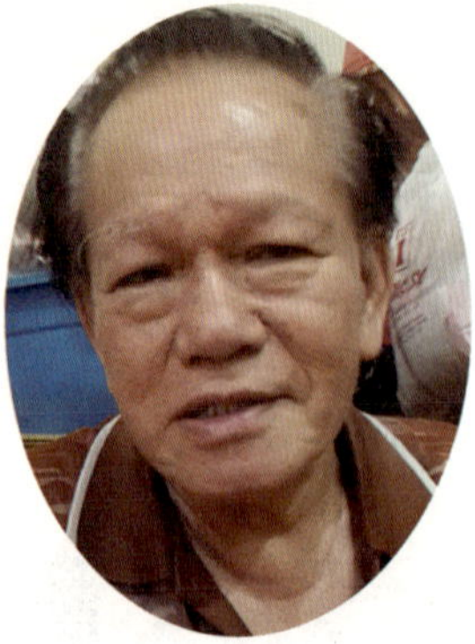

◎符大孝

“巨港的第一个会馆是广肇，海南联谊会是第二个。在1965—1998年，所有的华社，华人学校都不允许存在，但我的手上有一大堆我们海南人的联系方式和从事行业，1998年之后，我觉得要建立一个海南同乡会，后来经过我的策划和实施，1999年海南联谊会成立了，它就像是我的孩子一样，我一手一脚去落实的，就是为了团结华人，特别是巨港的海南华人，让他们认识到作为印尼华人，团结的重要性。”

——符大孝

2019年4月27日

于印度尼西亚雅加达缩影公园：

“前不久，有一批印尼的穆斯林中学生到我们华人博物馆参观，有几位同学问了我很多有关华人历史的故事，她们还要我用中文跟她们讲述，因为她们是学习中文的学生，只不过才学了几个月而已，所以我鼓励他们继续努力学习中文。她们又接着说，在这个世界上，中文是很重要的语言，如果没有好好把握学习中文的机会，那就会吃大亏！这段话一说出来，我心里十分感动和激动，这是印尼国民文化相互认同的结果，这是中华文化被重视的结果。

“中华文化是博大精深的，它的影响是深远有意义的，现在我们南洋地区的食物都有华人饮食的元素，比如说这里的包子叫做‘Pao’跟华文的‘包’字发音相同，‘面’也是相同，这里称作‘Mie’，福建人把糕点叫做‘粿’，印尼语的‘Kue’就是与福建话发音相同。还有我们印尼的‘国服’蜡染服，与中国云南省的蜡染花纹和样式有类似。文化就是这样相互交流、融合，这样才能够和谐相处。

“华人博物馆对于华人的意义是重大的，华人博物馆的建立不仅能让先辈的事迹被记载、记录下来，更重要的是能让后辈们知道自己的根。华人博物馆的意义也在于团结华人，也能让友族人士了解和接纳中华文化，在我看来，成立华人博物馆实在是功德无量。

“我们印尼客家博物馆一入口就有一个大大的‘倕’字，这个字是客家人发明的，它的意义深刻，特别是对于我们海外华人。在中国的客家人，以前从中原地区迁徙至南方，经历了多少的艰辛和苦难，他们勤劳刻苦，意志坚定，重视教育。客家人历来傍山而居，有农耕的传统。‘倕’字可分作两部分，一部分是‘亻’代表‘人’；另一部分是‘厓’，象征着悬崖，人站在悬崖边上是很危险的，这就跟当时下南洋的华侨一样，处境如悬崖，但这些都没有阻挡他们的脚步，反而能在异国他乡扎根，生根，这是一件多么神奇和伟大的事情！海外的华人无论是什么籍贯，什么背景都好，我们从来都是一个大家族——中华民族，我们更应该相亲相爱，团结互助，发挥最大的力量，建设更好的印度尼西亚，见证中国和印尼的关系越来越好，这就是我的希望和期盼。”

◎周树兴

——周树兴

2019年5月4日

于印度尼西亚雅加达印尼华裔总会:

“2019年，是印尼华裔总会创会20周年。印尼华裔总会自成立以来积极与印尼各民族一道，积极建设一个与世界先进民族并肩共进、一个更先进和更有竞争力的、走向进步公正和繁荣富强的新印度尼西亚。我们印尼华族应全面融入主流社会，但不应该放弃华人族群本身的中华特征，如中华文化、华文、中华习俗等，正因印尼华族是印度尼西亚民族不可分割的一部分，所以我们华族应该与其他民族一起共同建设民主化，消除一切形式的歧视、贫穷、贪污、愚昧和不公平的新印尼。

“我们印尼的第四任总统瓦希德就鼓励我们一定要掌握好自己的文化，这样才有华人的特征。如果一个华人不懂得中华文化，就不能够称自己是真正的华裔了。

“印尼的华文教育是我一直以来最为牵挂的事情。现在的印尼华人，特别是年轻的一代华人有学习华文的想法和愿望，但是就是缺乏老师。印尼的华文老师不足，中国的老师因为薪资的问题不愿意来，包括新加坡、马来西亚的老师也是如此。印尼学习华文的方式有补习班和三语学校，补习班的学费高昂，学生负担不起；三语学校的华文占比最少，能够发挥的作用小，所以对于印尼华文教育来讲，是不利因素。所以我们才决定办一个平民化、质量高的华文补习班，使到有心学习华文的人有学习的地方，不用担心学费过高的问题。老师的来源就是以前去中国留学的印尼华人。我很清楚地意识到，印尼华文教育的迫切感，虽然遇到阻力，但是我就是有一种使命感，只要我还有一口气，我还活着，我就要尽我的能力推广华文教育，虽然我的能力有限，但是我都尽量在做。

“为了华文教育，我从许多方面去实验，再改革，我今年七十五岁了，我告诉自己我还有五年，我希望通过我的努力让印尼的华文教育普及，让更多人学会华文。我看到许多老前辈80岁左右就开始少有参加社会活动了，我每次看到老家人们，我都有一种来自内心的迫切感，毕竟我也年纪大了，所以我要赶快行动。我就是考虑到在印尼的第三代华人以及第四代、第五代等等，他们很有必要认识中华传统文化，学习华文，保有华人的特征，并且代代相传。在我看来，中华文化之所以能够几千年来传承下来，与华人的品质有很大的关系，华族是刻苦耐劳、勤俭持家、自强不息的民族。”

——马咏南

2019年5月6日

于印度尼西亚梭罗东方电子商铺：

©陈克兴

“我祖籍中国福建，在梭罗出生、长大。我是学理科出身的，主攻电子学，我毕业了以后就在梭罗从事电子零部件生意，做了40多年了，我现在也年纪大了。华文我是一直都没有放下的，我全家人都会华文，我的三个孩子都是在中国广州完成大学学业的。我一直记得我父亲的华文水平很高，他华文读到六年级，在印尼算是不错的了，能看得懂很深的华文。我小时候，他常常跟我讲‘聊斋’（《聊斋志异》），我很喜欢听他讲‘聊斋’的故事。可惜我看不懂这么深的华文，但我家里还保存有这本书。

“现在印尼的华文教育现状是，印尼原住民会去主动学习，刻苦学习华文，很多学校的华文老师也是印尼原住民而不是华人。

“我信仰儒教，喜欢儒教，研究儒教。我觉得中国的儒教思想博大精深，就像是我们传统华人的家里面都有一个专门的祭祀台放先辈的照片，过年过节和其他重要的日子就祭拜他们，这就是儒家孝敬父母，敬重祖先的表现。道教和儒教是有区别的，儒教的‘神’多数是英雄人物，好像是岳飞、孔子等，道教的‘神’就是土地神等。更形象的比喻就是，在儒教来讲，我们的祖先就是我们的‘神’，是我们的信仰，饮水思源就是这个道理。

“儒家文化还有‘和’的思想，它讲究和谐，就像是中国，她的崛起是和平的，对世界有贡献的，这样的国家不需要‘称霸’世界，也不需要‘领导’世界，她自然而然地‘影响’着世界，世界的大趋势也会向她‘靠拢’。还有一点我必须强调的是，自从习近平主席领导中国后，中国的发展我们海外华侨华人有目共睹，世界人民也有目共睹。很简单，拿中国各个城市的机场和美国、欧洲的机场作比较，无论是现代化和先进性，中国的机场都是领先的，还有中国的高铁，非常厉害。我非常高兴中国能有今天的成就，当然中国也会越来越好。让我更高兴的是印尼的总统佐科维非常开明、理智和聪明，在他的带领下我们印尼的社会也会更加进步，印尼和中国的关系也将会越来越好。

“印尼的民族是天性善良的，他们跟华人一样，讲究孝顺父母，还有扫墓的传统。我跟印尼人相处了这么长时间，我了解他们，也尊重他们，懂得他们的文化，大家和睦相处。民族和民族之间就是应该要这样，国家和国家之间也是要这样的。”

——儒学学士 陈克兴

2019年5月20日

©孔教会学校

于印度尼西亚梭罗镇国寺：

“我的祖籍中国福建泉州，出生和成长在梭罗，现在的华文补习班，教华语的老师很多都是友族老师，部分华人子弟却对华文不感兴趣，甚至不想学，这是多么令人失望和叹息的事情啊。

“我热爱书法，我平常也有教学生写书法。在农历新年前夕，就在镇国寺的这一片区域，满满的红灯笼和过节的装饰，真的很有氛围。我也会在这边写书法，一个很有趣的现象就是，友族朋友们对书法的热衷程度远远要比华人子弟高，他们会要我将他们的印尼名字翻译成华文，然后用毛笔写下来。我希望更多的华人子弟能够学习华文，了解中华文化。”

——吴考哲

2019年5月21日

◎吴考哲

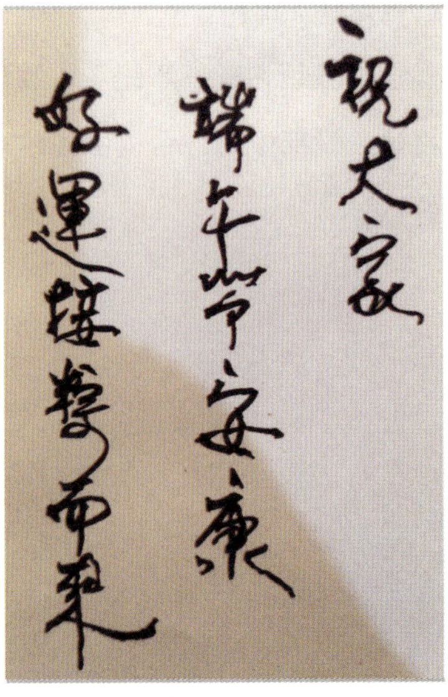

◎吴考哲书法作品

访谈摘录

于印度尼西亚巴厘岛登巴萨：

©王邦赞

“我是第二代华人，祖籍中国福建同安，我的父亲从福建到印尼苏门答腊岛的廖省（廖内群岛），我在廖省出生长大。巴厘岛的华人多数是从外岛迁移过来的，像是从苏门答腊、爪哇岛、加里曼丹岛等地，华人过来巴厘岛多数就是做生意的，我是在53岁的时候到巴厘岛做生意的。

“很可惜的是我的孩子都不会讲华语和福建话，很可惜。我到过中国几次了，中国现在建设得非常好，特别是福建。我每天都有在家里看中国电视，看到习近平主席，我会很开心和激动，他真的是一个很有魄力、很厉害的领导人。我很希望他能来巴厘岛参观和访问！我知道福建的建设离不开习近平主席的建设，因为他曾经在福建参加工作。

“我现在一把年纪了，我依旧想念家乡，那种感情是很深刻的，我深深地祝福福建，祝福中国！希望中国越来越好！希望印尼的华人越来越好！希望印尼越来越好！”

——王邦赞

2019年5月28日

于马来西亚布城：

“中国是一个大国，所谓的大国就是经济强国、文化古国、人口大国。中国就是这样的一个大国，她很友善地对待各国，她并不随便显摆实力，她的国民很讲究效率，很有规矩，所以，中国的强大是实实在在的，并不是虚有其名的（那些西方国家）。中国的和平崛起是世界的趋势，比如说中国制造，我就感觉十分好，我用的电子产品都是中国品牌，它的价格合理，质量优等；还有，以马来西亚吉隆坡来讲，大多数高楼大厦、购物中心等都有中国投资的身影。中国正在慢慢地展现自身的优势和实力，我看好中国，我觉得不单只是马来西亚在向中国看齐，世界也都在向中国看齐！”

——一位福建籍华人

2019年6月5日

于马来西亚陈秀莲路：

“吉隆坡的主要道路很多都是以华人的名称命名的，因为他们的贡献很大，比如说建设城市基础设施，公路、铁路、住屋等。只要是有华人命名的街道或者建筑，那个华人一定是很出名的名人。像是这里有Jalan CHAN SOW LIN（陈秀莲），这个就是建设吉隆坡的名人。吉隆坡还有一个很了不起的华人，他就是Yap Ah Loy（叶亚来），他曾经帮助雪兰莪州的苏丹建设吉隆坡，吉隆坡能成为马来西亚的首都，Yap Ah Loy的功劳很大。不单只吉隆坡，整个马来西亚都有华人建设的功劳，华人很勤劳、很厉害。我很佩服华人。”

——一位马来西亚籍印度裔人士

2019年6月6日

特别鸣谢

单位:

1. 新加坡旅游局The Singapore Tourism Board（新加坡 Singapore）
2. 大星集团DAESIM GROUP（诗巫 Sibu）
3. 坤甸日报PT. SINAR CAHAYA PAGI（坤甸 Pontianak）
4. PT MODERNLAND REALTY Tbk MODERNLAND集团（雅加达Jakarta）
5. 三宝麟香烟博物馆 House of Sampoerna Surabaya（泗水Surabaya）
6. 共同希望语言学院DEWAN PERWAKILAN RAKYAT DAERAH（坤甸Pontianak）
7. 西加客家联谊会PERKUMPULAN HAKKA INDONESIA KALBAR（坤甸Pontianak）
8. 山打根包公庙公会龙狮团（山打根 Sandakan）
9. 培英小学（山打根 Sandakan）
10. 诗华日报泗里街办事处（泗里街 Sarikei)
11. 广惠肇公会（泗里街 Sarikei)
12. 山打根中华商会DEWAN PERNIAGAAN TIONGHUA SANDAKAN（山打根 Sandakan）
13. 亚庇客家公会KOTA KINABALU HAKKA ASSOCIATION（亚庇 Kota Kinabalu）
14. 沙巴博物馆 Sabah Museum（亚庇Kota Kinabalu）
15. 诗巫文化遗产博物馆SIBU CULTURAL HERITAGE MUSEUM（诗巫 Sibu）
16. 海南会馆（诗巫 Sibu）
17. 沙捞越纺织博物馆 SARAWAK MUZIUM TEKSTIL（古晋 Kuching）

18. 华族历史博物馆THE CHINESE HISTORY MUSEUM（古晋 Kuching）
19. 森美兰惠州会馆（芙蓉Seremban）
20. 森美兰芙蓉沉香蜈蚣山天师宫PERSATUAN PENGANUT DEWA THEN SZE（芙蓉Seremban）
21. 森美兰中华大会堂DEWAN PERHIMPUNAN CHINA NEGERISEMBILAN（芙蓉Seremban）
22. 红山著名红龟粿FAMOUS BUKIT MERAH AHG KU KUEH（新加坡 Singapore）
23. 新加坡南洋理工大学——华裔馆A Research Centre of Nanyang Technological University（新加坡 Singapore）
24. 天福宫THIAN HOCK KENG（新加坡 Singapore）
25. 南顺会馆（新加坡 Singapore）
26. 西樵同乡会（新加坡 Singapore）
27. 新加坡国家博物馆National Museum of Singapore（新加坡 Singapore）
28. 土生华人博物馆Peranakan Museum（新加坡 Singapore）
29. 厦门公会（新加坡 Singapore）
30. 虎豹别墅Haw Par Villa（新加坡 Singapore）
31. Ubin-HSBC Voluntter Hub（新加坡 Singapore）
32. 新加坡国家图书馆National Library Board Singapore（新加坡 Singapore）
33. 槟榔侨生大宅PINANG PERANAKAN MANSION（槟城 Penang）
34. 广珍钟表行WP NENG TRADING（加央Kangar）
35. 冠美茶室大包店（加基武吉Kaki bukit）
36. 韩江公会（大山脚Bukit Mertajam）
37. 福德正神会（大山脚Bukit Mertajam）
38. 日新独立中学（大山脚Bukit Mertajam）
39. 吉兰丹华人历史及文化协会（哥打巴鲁 Kota Bharu）
40. 吉兰丹卧佛圣殿Wat Photivihan（道北县 Tumpat）
41. 首都摄影室（哥打巴鲁 Kota Bharu）
42. 我们的咖啡店Kopitiam Kita（哥打巴鲁 Kota Bharu）

43. 登嘉楼中华大会堂（登华堂）The Chinese Assembly Hall Terengganu（CAHT）（登嘉楼Kuala Terengganu）
44. 马来西亚中华大会堂总会The Federation of Chinese Associations Malaysia（Hua Zong）（雪兰莪 Swlangor）
45. 马来西亚华人博物馆Malaysia Chinese Museum（雪兰莪 Swlangor）
46. 龙运五里新村国民型华文小学（龙运 Dungun）
47. 海南会馆（甘马仕Kemasik）
48. 麦二海鲜饭店MIKE 2 SEAFOOD RESTAURANT （瓜拉登嘉楼Kuala Terengganu）
49. 锦盛蛋糕店有限公司Pandan Layer Cake Sdn Bhd（巴生 Klang）
50. 亚齐客属基金会YAYASAN HAKKA ACEH （班达亚齐 Banda Aceh）
51. 印尼苏北华社联谊会Perhimpunan Masyarakat Tionghua Indonesia Sumatera Utara（棉兰Medan）
52. 亚洲国际友好学院Sekolah Tinggi Asing Persahabatan Internasional Asia（棉兰Medan）
53. 印尼苏北华人历史文化馆Museum Sejarah Etnis Tionghoa Sumut（棉兰Medan）
54. 印尼巨港高美达旅行社Carmeta Tour&Travel Service（巨港 Palembang）
55. 印尼苏南客家同乡会PERNIMPUNAN KELUARGA BESAR HAKKA SUMSEL（巨港 Palembang）
56. 苏南巨港中学校友会Yayasan Sejahtera Musl Permal（巨港 Palembang）
57. 印尼苏南省广肇同乡慈善会PAGUYUBAN SOSIAL WARGA GUANG ZHAO SUMSEL（巨港 Palembang）
58. 印尼苏南省海南联谊会FORUM KOMUNIKASI WARGA HAINAN SUMSEL–INDONESIA（巨港 Palembang）
59. 巨港興报（巨港 Palembang）
60. 印尼客属联谊总会Perkumpulan Hakka Indonesia Sejahtera（雅加达 Jakarta）
61. 雅加达客属联谊会Perkumpulan Hakka Jakarta（雅加达 Jakarta）
62. 印尼梅州会馆PAGUYUBAN MEIZHOU INDONESIA（雅加达 Jakarta）
63. 土生华人博物馆Museum Pustaka Peranakan Tionghoa （南丹格朗 Tangerang Selatan）
64. 印尼华裔总会PERHIMPUNAN INDONESIA TIONGHOA （雅加达 Jakarta）

65. 望加锡市博物馆Museum Kota Makassar（望加锡 Makassar）
66. 印尼锡江漳州慈善基金会Yayasan Sosial Sapta Mulia（望加锡 Makassar）
67. 锡江关圣帝庙基金会YAYASAN KLENTENG KWANKONG（望加锡 Makassar）
68. 关丹海南会馆（关丹 Kuantan）
69. 关丹华团联合会GABUNGAN PERSATUAN– PERSATUAN TIONGHUA KUANTAN（关丹 Kuantan）
70. 丰盛港海南会馆（丰盛港 Mersing）
71. 新山华族历史文物馆Johor Baru Chinese Heritage Museum（新山Johor Baru）
72. 双狮园酒店 DOUBLE LION HOTEL（瓜拉江沙 Kuala Kangsar）
73. 巴生滨海林氏宗亲会 Persatuan Keturunan Lim Pantai Klang（巴生 Klang）
74. 成记饼家（怡保 Ipoh）
75. 甲必丹古玩店 Kapitan Antiques House（太平 Taiping）
76. 红岭中学（深圳 Shenzhen）

个人：

1. 陈英彩（中国）
2. 廖延年（中国）
3. 廖映强（中国）
4. 陈凯希（Tan Khai Hee）（海鸥集团）（马来西亚）
5. 廖奕琍（Datuk Liow Yit Lee）（马来西亚）（校稿人）
6. 吴妗谕（Datin Jiacy Goh）（马来西亚）（校稿人）
7. 廖娰戎（Vivian Liow）（马来西亚）
8. 廖娰君（Wendy Liow）（马来西亚）
9. 廖娰婷（Candy Liow）（马来西亚）
10. 廖志伟（Declan Liow）（马来西亚）
11. 刘义华（Dato’LAU NGIE HUA）（马来西亚）（校稿人）
12. Chua Mellissa（马来西亚）
13. 魏雪琴（Snowly Cheng）（马来西亚）

14. 翁凌云（Janice Wong）（马来西亚）
15. 黄政恒（Jeremy Ong）（马来西亚）
16. 李宗发（Johnson Lee）（马来西亚）（校稿人）
17. 李家荣（Rong Lee）（马来西亚）
18. 黄淑真（马来西亚）（校稿人）
19. 曾健志（马来西亚）（校稿人）
20. 吴秀传（马来西亚）（校稿人）
21. 林文瀚（马来西亚）（校稿人）
22. 萧瑞兰（Shui Lan Siaw）（马来西亚）
23. 翁前平（Desmond Wong）（马来西亚）
24. 刘健豪（马来西亚）
25. 郑秀福（马来西亚）
26. 甯伟棚（马来西亚）（校稿人）
27. 刘美清（马来西亚）
28. 甯欣怡（马来西亚）
29. 甯逸谦（马来西亚）
30. 张得成（马来西亚）
31. 庄佛和（马来西亚）（校稿人）
32. 黄胜忠（马来西亚）
33. 昙慰住持（马来西亚）
34. 傅炳荣（马来西亚）
35. 傅安妮（马来西亚）
36. 蓝丽梅（马来西亚）
37. 李爱华（马来西亚）
38. 徐明章（马来西亚）
39. 陈明山（Tan Beng San）（马来西亚）
40. 陈国明（Tan Kok Beng）（马来西亚）
41. 冯运达（Phoong Yuen Leong）（马来西亚）

42. 黄崇锐（Wee Chong Joi）（马来西亚）（校稿人）
43. 郑云华（马来西亚）
44. 郑馨州（Cheng Ching Chou）（马来西亚）（校稿人）
45. 伍步雷（Jo Po Loi）（马来西亚）
46. 庄子承（John Chong）（马来西亚）（校稿人）
47. 陈俊华（Tang Chung Hwa）（马来西亚）（校稿人）
48. 韦衍利（马来西亚）
49. 严礼侠（马来西亚）
50. 潘宝福（马来西亚）
51. 符美芬（马来西亚）
52. 潘玉玲（Elayne）（马来西亚）
53. 吕烈兴（马来西亚）
54. 邢定钏（马来西亚）
55. 邢定灏（马来西亚）（校稿人）
56. 吴永健（马来西亚）
57. 陈国首（Tan Kok Siew）（马来西亚）
58. 廖玉凤（马来西亚）
59. 廖炳鸿（马来西亚）
60. 许强妹（马来西亚）
61. 张国成（马来西亚）
62. 陈　权（马来西亚）
63. 林先进（Advance Lim）（马来西亚）
64. 李菀珊（马来西亚）（校稿人）
65. 李永球（马来西亚）（校稿人）
66. 岑亚伦（新加坡）
67. 吴光真（新加坡）
68. Jansen Yeo（新加坡）
69. 倪钦华（Kevin Guay）（新加坡）

70. 王东印（新加坡）

71. 陈得时（Yoseph）（印度尼西亚）（校稿人）

72. 陈慧珍（印度尼西亚）（校稿人）

73. 陈国良（印度尼西亚）

74. 林志新（Chisan Lam）（印度尼西亚）

75. 李贵坤（印度尼西亚）

76. 张请广（Hendrik）（印度尼西亚）

77. 郑洁珊（The Kiak Sang）（印度尼西亚）

78. 郑旭平（Russel Cheng）（印度尼西亚）

79. 曾杏娥（印度尼西亚）

80. 王钦健（Ong Khing Kiong）（印度尼西亚）（校稿人）

81. 彭克瑚（Phang Khat Fu）（印度尼西亚）

82. 谢得龙（印度尼西亚）

83. 谢伟良（印度尼西亚）

84. 刘展业（印度尼西亚）

85. 黄威康（印度尼西亚）

86. Rani Eva Dewi（印度尼西亚）

87. Vivi Chai（印度尼西亚）

88. Naniek W priyomarsono（印度尼西亚）

89. I lham Pramudya Kusuma（印度尼西亚）

90. Syafaruddin Usman（印度尼西亚）

91. 古启祥（KHO KHIE SIONG）（印度尼西亚）

92. 李庆昌（印度尼西亚）

93. 老伟富（Harry Lawrence）（印度尼西亚）

94. 陈岷生（Benny Mulyadi）（印度尼西亚）

95. 纪日立（Tjong Djeh Lik）（印度尼西亚）

96. 林来荣（Sinarli Salim）（印度尼西亚）

97. 廖章然（Ardjan Leo）（印度尼西亚）（校稿人）

98. 黄德福（印度尼西亚）
99. 宋木贤（印度尼西亚）
100. 邝日年（印度尼西亚）
101. 符大孝（印度尼西亚）
102. 黄隽秀（印度尼西亚）
103. 黄金木（印度尼西亚）
104. 曹裕光（Judi Timadius）（印度尼西亚）
105. 蔡忠义（印度尼西亚）
106. 吴景光（印度尼西亚）
107. 李振林（印度尼西亚）
108. 张碧强（印度尼西亚）
109. 林黄图（印度尼西亚）
110. 马咏南（Nancy Widjaja）（印度尼西亚）
111. 黄印华（Indra Wahidin）（印度尼西亚）（校稿人）
112. 陈景祥（Vincent Justiwan）（印度尼西亚）
113. 林　慧（Olivia）（印度尼西亚）
114. 王妮娜（Chen Yanna）（印度尼西亚）（校稿人）
115. 黄循基（HERMAN WIJAYA）（印度尼西亚）
116. 何昆山（Hasyim Horax）（印度尼西亚）
117. Azmi Abubaker（印度尼西亚）
118. Aris Prabowo（印度尼西亚）
119. RIMA（印度尼西亚）（校稿人）
120. I PUTU ARIASA PUTRA（印度尼西亚）
121. 黄锦俊（Richard）（中国台湾）
122. 李欣祥教授（中国）（校稿人）
123. 刘志强教授（中国）
124. 廖炳南（中国）
125. 廖健成（中国）
126. 徐天艾（中国）（校稿人）

后　记

历经一年多，数十次飞行，足迹遍布马来西亚13个州属，新加坡，印度尼西亚苏门答腊岛、爪哇岛、加里曼丹岛、巴厘岛、苏拉威西岛。攀爬过山地、丛林，踏抵过海岛、荒地，调查过古庙、祠堂、会馆、墓地，探访过华人、马来人、爪哇人、布吉斯人、马都拉人、卡达山人等。有心不惧远，有梦勇追寻，笔者感恩途中之遇，曾与当地华人及原住民共喜共忧，触动内心所感皆为深刻之事，吾荣幸之！

成此书，源自各地人士及组织对笔者分享的历史和经历，犹如涓涓细流汇成江海，吾何等幸运之！其中的精彩、多舛实引人深思，如不记之，尽错失！久经磨难的南洋华人，在百折不挠的奋斗中迎来新面貌、新人生。华人于当地的发展和成就，是华人用自己的双手创造，是华人敢闯敢干和勇敢担当开辟的新路，是一代又一代华人接力共创的结果。时间为客观的见证者，华人的功绩由当地历史书写，各族人民共睹。

无论清晨或傍晚，相似情景常现于南洋各地。当笔者途经华人村落、住所时，屡屡停步感慨：华裔生于斯、长于斯，语言、习俗和饮食文化等相融为必然，若观之以自然，待之以宽然，心态自泰然。在当地国，日日皆发生着属于华裔同胞的喜怒哀乐和苦辣酸甜，或许语言不通，或许信仰不同，或许文化不类……多少岁月沧桑、风云变幻已过，悉知各地同胞安顿、安定、安好，即为喜讯，彼此间定当常思念、长牵挂。

廖春柳

于马来西亚雪兰莪州安邦

2019年6月6日